消费医疗
入局与破局

林掌柜 著

中国科学技术出版社
· 北 京 ·

图书在版编目（CIP）数据

消费医疗：入局与破局 / 林掌柜著 . —北京：中国科学技术出版社，2023.3（2024.1 重印）
ISBN 978-7-5046-9913-8

Ⅰ. ①消… Ⅱ. ①林… Ⅲ. ①医疗保健事业—投资—研究—中国 Ⅳ. ① F832.48

中国国家版本馆 CIP 数据核字（2023）第 029049 号

策划编辑	申永刚　杨汝娜	责任编辑	龙凤鸣
封面设计	仙境设计	版式设计	蚂蚁设计
责任校对	张晓莉	责任印制	李晓霖

出　　版	中国科学技术出版社
发　　行	中国科学技术出版社有限公司发行部
地　　址	北京市海淀区中关村南大街 16 号
邮　　编	100081
发行电话	010-62173865
传　　真	010-62173081
网　　址	http://www.cspbooks.com.cn

开　　本	880mm×1230mm　1/32
字　　数	195 千字
印　　张	10.875
版　　次	2023 年 3 月第 1 版
印　　次	2024 年 1 月第 3 次印刷
印　　刷	北京盛通印刷股份有限公司
书　　号	ISBN 978-7-5046-9913-8/F・1087
定　　价	69.00 元

（凡购买本社图书，如有缺页、倒页、脱页者，本社发行部负责调换）

实地的一线视角和冷酷冷静的思考审视。

——范瑾　中信医疗运营管理部副总经理

　　林掌柜深谙消费医疗细分市场，行业观点极具洞见。相信此书一定能给消费医疗经营者、管理者及参与者不同角度的收获！

——瞿展　富越基金风控总监

　　身处发展进行时的消费医疗中，如果想要答案，建议听听林掌柜的预言式"剧透"，因为他是实战者，还是"谈笑有鸿儒、往来无白丁"的信息枢纽。

——周郁　《美业观察》《新医100人》创始人

　　新医美人都要看的一本书。林掌柜以敏锐的洞察力，多维度解读医美现状和发展趋势，帮助医美从业者更理性地分析行业变革和升级，解答当下最实际的问题。

——郝格　《女魔头驾到》出品人,《医与美前沿》创始人

　　这本书的面市，无疑是对社会办医过去四十年发展最好见证，结合了林掌柜多年医疗运营和投资实践，深入阐述消费医疗破局之道。

——吴善业　贝登医疗联合创始人

前言

无论在医疗界还是在投资界，消费医疗都是备受关注的热词。但消费医疗的概念至今依然模糊，更没形成系统的理论框架或逻辑体系。本书尝试对消费医疗做个界定，从消费升级、市场细分和医改政策三个角度来阐述消费医疗的发展逻辑。

在临床诊疗、生物医药、5G、物联网、人工智能、大数据等技术更新换代和自媒体崛起、信息传播空前发达的互联网时代大潮的共同催化和驱动下，无论是从国家宏观政策层面、医疗健康市场方面看，还是从微观医疗机构、医疗从业者和医疗消费者角度看，消费医疗都已迎来了全新的面貌和格局。

然而，消费医疗由于兼具"消费"和"医疗"双重属性，所以一直处在"消费向左、医疗向右"的状态中，要么"重消费轻医疗"，要么"重医疗轻消费"，亟待破局。本书将分别从运营、要素、连锁、投资及未来五个方面入手，深入探讨新形势下消费医疗的破局之道。

本书认为，社会办医尤其是消费医疗的主流业态定位是

"小而美"的门诊部和诊所，医疗机构运营的核心是"病种产品化"三要素，即"病种筛选、病种定价和病种入口"，重点探讨了私域、地推和公益等主流的入口策略和获客模式。"病种产品化"不仅是运营管理团队的核心价值，也是选择专科专病的决策依据，还能用来解释临床专科创业和投资"冷热不均"的客观现象。

消费医疗不只是医疗。消费医疗不仅需要以医生为主要代表的广大医务工作者，还需要运营、管理、资本、技术和政策等要素的助力和协同。但所有的要素和参与者都不应该去影响甚至破坏医生临床诊疗的独立决策。消费医疗创业和投资要找到认知同频的人，找到长期主义的钱，站在战略高度进行选址。

消费医疗要"单体做小、连锁做大"，应优先选择同城"八爪鱼"式的连锁模式，充分发挥连锁扩张的"品牌外溢效应、运营降本增效和高筑墙护城河"等三大优势，而不是过去那种以医院业态为主流的异地平行扩张模式。本书以眼视光和新康复两个热门专科为例，重点探讨了区域连锁布局的选址原则和落地策略。

相对其他行业而言，尽管医疗服务的投资热度持续时间更长久，但总体呈现"掉坑者众，收获者寡"的分化局面。这主要与医疗服务投资的三大悖论和投资逻辑紧密相关。本书从投资运营角度，对眼视光、干眼、新康复、新心理、儿童医疗、儿童增高、辅助生殖、日间手术中心、医生集团等热门专科和领域做了初步预判和评估。

随着医疗行业整体转向"合法、合规、合理"的可持续发展轨道，社会办医特别是消费医疗将迎来洗牌、重塑和变革的过程。新冠疫情的暴发，更加速了社会办医的洗牌和分化进程。越来越多的医疗产业利益相关方也加速了产业链整合的步伐，这些无疑都将促进整个医疗行业的重塑和变革，其中尤以眼科、口腔科、医美等领域表现得最为显著。

每个人的决策只要经过符合逻辑的深度思考，都是在面临各种约束条件下所做出的最优选择，谈不上对错好坏。本书希望能为社会办医尤其是消费医疗从业者和投资人在创业、投资和运营实践中提供逻辑依据和操作指引，从而尽可能地避免掉坑、少走弯路。

需要强调的是，消费医疗的本质无疑仍是医疗，医疗行业从业者和投资人应该坚持医疗服务的严谨性，充分尊重医疗服务行业自身的发展规律，这也是本书所有观点和逻辑的前提。

目录

第 1 章 消费医疗：消费向左，医疗向右 / 001

1.1 概念辨析：消费医疗、高端医疗、非基本医疗 / 003
1.1.1 消费医疗究竟是什么？ / 003
1.1.2 消费医疗与高端医疗、非基本医疗 / 008

1.2 发展脉络：消费升级、市场细分、医疗改革政策 / 011
1.2.1 消费升级是消费医疗崛起的根本动力 / 011
1.2.2 市场细分是消费医疗发展的战略指引 / 013
1.2.3 新一轮医疗改革政策为消费医疗提供了发展环境 / 015

1.3 技术赋能：互联网医疗、5G 时代、人工智能 / 019
1.3.1 互联网视角：医疗服务也是一种特殊的零售 / 019
1.3.2 互联网或可没有边界，互联网医院必须有边界 / 024
1.3.3 互联网医疗平台该如何抢占医生资源？ / 029
1.3.4 5G 时代：人工智能与消费医疗大融合 / 032

1.4 迷途狂奔：向左冒进、向右保守、亟待破局 / 038
1.4.1 向左冒进：重消费、轻医疗 / 039
1.4.2 向右保守：重医疗、轻消费 / 040

1.4.3 亟待破局：未来路在何方？/ 041

第 2 章　运营破局："小而美"与"产品化"/ 045

2.1 业态定位："小而美"才是主流 / 047
2.1.1 "大魔咒"：大而不强、大了就倒 / 047
2.1.2 "小而美"：单体做小、连锁做大 / 049

2.2 运营核心："病种产品化"三要素 / 052
2.2.1 病种筛选：占领客户心智 / 053
2.2.2 病种定价：超越项目定价 / 057
2.2.3 病种入口：获客决胜运营 / 062

2.3 入口策略：主流获客模式 / 064
2.3.1 私域入口：正流行的获客策略 / 064
2.3.2 地推入口：接地气的获客策略 / 067
2.3.3 公益入口：上台面的获客策略 / 069
2.3.4 低成本获客："高频带高频" / 072

2.4 案例：金眼科与冷专科 / 078
2.4.1 金眼科：缘何成最火 IPO 专科 / 078
2.4.2 冷专科：耳鼻喉、胃肠和腋臭 / 082

第 3 章　要素破局：找人、找钱和选址 / 087

3.1 找人：认知致胜 / 089

3.1.1 合伙人关系 / 090

3.1.2 医生合伙人 / 095

3.1.3 运营合伙人 / 099

3.1.4 招人、用人的原则 / 103

3.1.5 公立医院院长能当好职业经理人吗？/ 105

3.2 找钱：长期主义 / 108

3.2.1 谈钱伤感情？/ 109

3.2.2 找长期的钱 / 111

3.2.3 医生为什么融不到资？/ 121

3.2.4 项目为什么融不到资？/ 124

3.2.5 医疗服务融资问答 / 129

3.3 选址：战略高度 / 133

3.3.1 选址即战略 / 134

3.3.2 选址掉坑多 / 139

3.3.3 门诊部选址原则 / 144

3.3.4 消费医疗选址案例 / 149

第 4 章　连锁破局:"八爪鱼"模式 / 155

4.1 连锁:伪命题与真败局 / 157

4.1.1 医疗连锁是个伪命题? / 157

4.1.2 连锁如何避免掉坑? / 160

4.1.3 "小而美"连锁误区 / 163

4.1.4 品牌保护第一步 / 166

4.2 模式:同城"八爪鱼" / 171

4.2.1 何谓"八爪鱼"模式? / 171

4.2.2 "八爪鱼"模式能落地吗? / 175

4.3 专科:眼视光与新康复 / 180

4.3.1 眼视光连锁机构选址指南 / 180

4.3.2 新康复:二三线城市能挖到金矿吗? / 187

第 5 章　投资破局:悖论与逻辑 / 191

5.1 医疗投资:三大悖论 / 193

5.1.1 抗周期 VS 扛周期 / 193

5.1.2 高估值 VS 高哭值 / 197

5.1.3 赋能型 VS 负能行 / 203

5.2 专科专病:投资逻辑 / 208

5.2.1 专科投资:共性逻辑 / 208

5.2.2 专病选择：四个维度 / 211

　　5.2.3 医疗投资：五大深坑 / 216

　　5.2.4 尽职调查"六看"法 / 219

　　5.2.5 用全新视角看待投资风险 / 224

5.3 投资选择：预判评估 / 227

　　5.3.1 眼视光：后疫情时代更值得投资 / 227

　　5.3.2 干眼病种会成为下一个热门赛道吗？/ 234

　　5.3.3 新康复：消费医疗的又一"金矿"/ 241

　　5.3.4 心理赛道正火：如何实现闭环？/ 245

　　5.3.5 儿童医疗经济：如何抓住黄金十年？/ 251

　　5.3.6 儿童增高是门好生意吗？/ 255

　　5.3.7 辅助生殖的春天来了吗？/ 257

　　5.3.8 日间手术中心是个好赛道吗？/ 264

　　5.3.9 医生集团虚火过后的理性评估 / 267

第6章　未来破局：预见与展望 / 279

6.1 预见未来：洗牌、重塑与变革 / 281

　　6.1.1 疫情：影响、变化及应对 / 281

　　6.1.2 洗牌：合规、出局、分化 / 290

　　6.1.3 重塑：人才、资本和赛道 / 292

6.1.4 变革：模式、路径和升级 / 296

6.2 展望趋势：眼科、口腔和医美 / 299

6.2.1 眼科：大回归与新机遇 / 299

6.2.2 视光：大市场与新风口 / 305

6.2.3 口腔：大分化与新整合 / 311

6.2.4 医美：大监管与新融合 / 316

6.2.5 植发：大美业与新协同 / 321

参考文献 / 327

后记 / 331

第1章

消费医疗：消费向左，医疗向右

> 消费升级新时代，消费医疗已经步入了发展"快车道"，但消费医疗至今仍处于概念不清、认识不明、方向不定的窘境。

1.1 概念辨析：消费医疗、高端医疗、非基本医疗

在探讨消费医疗前，我们首先要清楚消费医疗究竟是什么，以及如何区分消费医疗、高端医疗、非基本医疗等易混淆的概念。

1.1.1 消费医疗究竟是什么？

无论是在医疗界还是在投资界，消费医疗都是很受关注的热词。然而，大多数人对消费医疗的认知还停留在表层，只知大概，不知全貌。例如，有些人认为基本医疗开始强调诊疗体验，所以理当属于消费医疗；有些人认为养老院、月子中心、生活美容等这些与医疗紧密关联的非医疗领域也应属于消费医疗；有些人认为宠物医疗也应当属于消费医疗，虽然宠物医疗治疗的是宠物，但是疗愈的是人心……

导致人们对消费医疗认知不深、议论纷纷的主要原因是，业界并没有给"消费医疗"这个概念一个明确、规范的定义，同时消费医疗的内涵和外延仍然在持续更新中。

(1) 人们对"消费医疗"可能产生的认知误区

> 网络百科引用的"消费医疗"定义是,泛指非公费、非治疗性、消费者主动选择实施的市场化医疗项目。消费医疗涵盖了整形、微整形、抗衰老、齿科、眼科、妇产科、皮肤、减肥、营养、心理健康等领域,具有单次消费价格高、复购频率高等特点。

网络百科中"消费医疗"的定义、举例,以及对其特点的归纳都不准确,存在不少歧义,很容易使得人们对"消费医疗"产生认知误区,主要体现在以下几点(图1-1)。

图1-1 人们对"消费医疗"可能产生的认知误区

> ①"非公费"的误导
> 非公费容易被人们理解为消费医疗是非医保报销或需要自费的医疗项目。其实消费医疗只是可以不依赖医保支付,并不代表其不属于医保报销项目。例如,口腔科和眼科的部分医疗项目是可以使用医保报销的。2022年2月,北京市医疗保障局等部门联合发文,推动将辅助生殖技术

项目纳入医保报销范围。

②"非治疗性"的误导

非治疗性容易被人们理解为消费医疗都是不治病的项目。消费医疗只是对功效和体验的要求更高而已，但并不都是非治疗性的，也有治疗性的消费医疗，如辅助生殖技术治疗的是不孕不育，还有口腔科中的正畸或种植等。

③举例错漏

网络百科对消费医疗的举例存在错漏。整形不能混同于美容。例如，严格说来双眼皮手术不属于整形外科，应该属于美容外科；眼科也不全是消费医疗，例如，绝大多数的白内障、眼底病都不应该归于消费医疗，视光和屈光业务则应该归于消费医疗；妇产科中，妇科的大多数项目也不属于消费医疗范畴，属于消费医疗范畴的主要是产科和辅助生殖；皮肤科中，皮肤美容属于消费医疗，但是大多数皮肤病并不属于消费医疗；"减肥"则是生活用词，不应用于医疗语境中，更不能称之为消费医疗。

④特点归纳不准确

网络百科归纳消费医疗具有单次消费高和复购频率高两大特点，也不尽然。消费医疗中也有不少项目是疗程消费高，而不是单次消费高，例如，眼科中的斜弱视训练、产科中的孕妇例行检查等。消费医疗中也不是所有项目的

> 复购频率都高,例如,美容外科和屈光手术的复购率就并不高。复购率较高的是注射微整形、皮肤美容和近视防控等项目。

（2）本书如何界定"消费医疗"？

为了避免人们对消费医疗产生误区,本书尝试着对消费医疗的概念做出了界定。消费医疗是指消费者为了满足美好生活的需要、追求功效价值和消费体验且不依赖基本医疗保险支付而选择的医疗服务及产品。即消费医疗主要有如下 4 个核心点（图 1-2）。

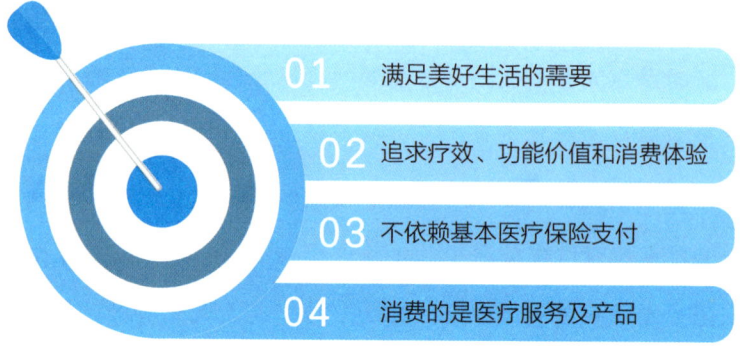

图 1-2 消费医疗的 4 个核心点

> ①满足美好生活的需要。消费医疗是消费者为了满足美好的生活需要而选择的医疗服务或产品,不再只是为了满足基本的生存需要。
>
> ②追求疗效、功能价值和消费体验。这也是消费医疗

> 的主要特征之一。功效即功能和疗效，消费医疗不仅追求疗效价值，还追求功能价值。例如体检并不讲疗效，其主要功能是健康评估、早发现早治疗。例如，产科，生孩子不是生病，正常情况下，产科提供的是安全保障功能。
>
> ③不依赖基本医疗保险支付。消费医疗有一部分服务和产品被纳入了医保，但是它并不依赖医保生存，主要靠自费和商业保险来维持经营。
>
> ④消费的是医疗服务及其产品。消费医疗的本质仍然是医疗，而不是一般的消费。从这个界定可知，养老、月子中心服务和生活美容等都不属于消费医疗。

就本书对消费医疗的界定而言，究竟哪些专科可以被纳入消费医疗呢？

一般而言，专科中符合消费医疗属性的业务收入占比超过一半份额就可以被归为消费医疗范畴。例如，眼科虽然有白内障、眼底病等基本医保类业务，但在大多数连锁眼科集团中，屈光和视光在眼科业务收入中的占比超过了一半。再如，辅助生殖技术若纳入医保还能算消费医疗吗？当然算，因为辅助生殖技术原先为纯自费项目，并不依赖医保生存。

依照上述界定，我们可以总结出消费医疗涉及的专科和领域，主要包括医疗美容，口腔科，眼科（以屈光和视光为主），产科，辅助生殖技术，健康体检，儿科（以全科或内科为主），新心理（以心理健康、睡眠障碍为主），新中医（以治未病、调理养生、中医美容、互联网中医为主），新康复（以运动康复、骨科康复、疼痛康复、产后康复、儿童康复为主）等。

有一点要强调的是，广义的消费医疗可以包括宠物医疗，但是本书主要探讨的是狭义上的消费医疗，故而不包括宠物医疗。

1.1.2 消费医疗与高端医疗、非基本医疗

不少人容易将消费医疗与高端医疗、非基本医疗混淆乃至等同。

（1）高端医疗

高端医疗是与普惠医疗相对应的，主要是从客群、品质和价格这三个角度划分，与高净值客户、高医疗品质、高医疗价格直接关联。

高端医疗与消费医疗之间有部分重叠和交叉，但在业务领域和目标客户群上存在差异，具体如表1-1所示。

表1-1 高端医疗与消费医疗的区别

概念	业务领域	目标客户群
高端医疗	业务涵盖了绝大多数临床学科，不仅包括消费医疗的全部专科和领域，还包括内科、外科（譬如心脏外科、血管外科等）、肿瘤科乃至全科等	目标客户群主要是高净值客户

续表

概念	业务领域	目标客户群
消费医疗	业务涵盖了医美、口腔科、眼科、儿科、产科、健康体检、辅助生殖技术等专科和领域,但一般不涵盖内科、外科、肿瘤科等领域	目标客户群不仅有高净值客户,还有中产客户,且中产客户占比较高

(2) 非基本医疗

非基本医疗是相对基本医疗而言的。基本医疗大多出现在政策法规和官方用词中。

> 《基本医疗卫生与健康促进法》对基本医疗卫生服务的定义是,指维护人体健康所必需、与经济社会发展水平相适应、公民可公平获得的,采用适宜药物、适宜技术、适宜设备提供的疾病预防、诊断、治疗、护理和康复等服务,包括基本公共卫生服务和基本医疗服务。

基本医疗侧重的是健康必需、公平获得、手段适宜,是与基本医疗保险相对应的定义。医疗改革原则之一的"保基本"指的正是保障基本医疗卫生服务。

与基本医疗相对应的概念是非基本医疗,但是业界对非基本医疗并没有给出明确的定义。本书将"非基本医疗"理解为基本医疗之外的医疗,主要对应的是非基本医疗保险支付的医疗服务及产品。从这个定义出发,我们会发现消费医疗与非基本医疗确实存在诸多重合。消费医疗中有部分医疗项目是为了维护健康，例如口腔的根管治疗、拔牙、补牙以及牙周治疗等口腔门诊项目和口腔住院手术等都属于基本医疗范畴。还有眼科中的白内障、眼底病等治疗，也都属于基本医疗范畴。如果仅从专科领域层面考量，消费医疗和非基本医疗的涵盖范围最为接近，也最容易被人们混淆。

非基本医疗和消费医疗也有差别，主要区别在于出发点不同，具体如表 1-2 所示。

表 1-2 非基本医疗与消费医疗的区别

概念	出发点	外延和内涵变化解读
非基本医疗	侧重于供给端和医疗费用支付	非基本医疗会随着医保报销制度的变化而变化，部分省市如北京市计划将辅助生殖技术从自费转为医保报销，在官方语境中即可将其视为基本医疗范畴
消费医疗	侧重于需求端和医疗消费升级	消费医疗更看重消费者的消费升级需求。有些专科也会细分升级出新的消费医疗，如新中医、新康复、新妇科、新男科等

随着消费医疗的兴起，还有些人发明了"严肃医疗"一词与消费医疗做区分对应。这种区分还是供给端思维，并没有站在消费者的角度去考虑问题，且易导致人们产生"消费医疗不严谨"的误解。实际上，只要是医疗，都应该是严谨、严肃的，消费医疗也不例外。

1.2 发展脉络：消费升级、市场细分、医疗改革政策

消费医疗能够得以迅速地发展，离不开消费升级、市场细分和医疗改革政策这三个核心力量的推动和促进。

1.2.1 消费升级是消费医疗崛起的根本动力

消费医疗的崛起和发展，必然离不开消费升级这一时代大背景。

> 林左鸣在其所著的《新消费升级》一书中指出，人类历史的每个时代都具有不同的特点，消费也在不断顺应变化、转型升级。他认为消费1.0版的主要代表是满足人们基本生活需求的"衣、食、住、行"四大产业，而消费2.0版则是转型成当时的"医疗、教育、娱乐、养老"，这些将担当内需消费产业的"第二梯队"。其中，在医疗领域，以"生得要好"为目标的生育医疗产业（主要对应产科和月子中心），以"老得要慢"为目标的整形美容和运动医疗产业（主要对应医疗美容和运动医学），以"病得要晚"为目标的健康管理消费产业（主要对应治未病、健康体检、健康管理和移动医疗），以"死得要安"为目标的临终关怀消费产业（主要对应临终关怀或安宁疗护或姑息治疗），将成为医疗产业升级的四大新支柱。

从消费升级的领域划分,消费医疗不仅对应的是消费升级中的医疗,而且是医疗消费的升级版,可称为消费2.5版。

> 杨家诚在其所著的《消费4.0:消费升级驱动下的零售创新与变革》一书中认为,消费升级是指在用户购买力不断提升的背景下,人们倾向于追求更加个性化、更高层次的产品及服务,并将消费升级做了四个阶段的划分,即计划经济体制下物资极其匮乏的消费1.0时代,供需逐渐趋于平衡的消费2.0时代,电商引领的消费3.0时代和用户主导的消费4.0时代。在消费理念改变的驱动作用下,人们进入消费升级时代,消费行为和消费习惯呈现两个新特点,即消费层次的升级(纵向升级)和消费领域的拓展(横向升级)。同时,作者还判断,我国目前正处于消费2.0、3.0和4.0并行阶段。

从消费供需主导切换和升级方式看,消费医疗正处在消费2.0、3.0和4.0的混合交叉和转型变革时代,不仅包括了纵向升级,更包括了横向升级。

人的需求无疑是分层次、个性化和多样化的,医疗消费需求也不例外。这种异质需求不仅表现在消费的具体内容不同,更表现在消费全过程中的体验需求不同。消费医疗的发展正是基于人们的异质需求。随着我国经济社会的发展和人民生活水平的提高,人们的支付能力也得到迅速提升,这使得消费医疗需求得以释放。

改革开放尤其是进入21世纪以来，人们对多层次、个性化、多样化的医疗健康需求持续快速增长，不再仅仅停留或满足于过去以治病救人为主的生存需求层面，即医疗的"硬需求"，而是升级到医疗的"软需求"，包括衍生的获得感、幸福感、安全感和尊严、权利等。这也契合了马斯洛需求层次理论，即从最基本的生理型需求升级到安全需求、社交需求、尊重需求和自我实现需求等更高层级的心理型需求。

从国际经验来看，人均GDP超过8000美元后，人们的医疗健康需求将会迎来爆发式增长。据统计，我国人均GDP在2016年就已超过8000美元，2019年突破10000美元大关，2021年更是超过12000美元，在多层次、个性化和多样化的医疗市场中，消费医疗迎来了历史性发展机遇，也占据着越来越重要的地位。

1.2.2 市场细分是消费医疗发展的战略指引

人们对医疗健康的需求是无止境的，有条件了就想追求健康，有了健康就想追求美丽，有了美丽就想追求长寿，有了长寿就想追求年轻。更健康、更美丽、更长寿、更年轻……似乎成了人类永恒的追求。从这个角度看，医疗服务的供给总是不足的。

随着公立医院的扩张和社会办医的发展，医疗服务供给已从原来的整体短缺转变为总量依然不足但结构性矛盾更为突出的局面，医疗市场的竞争也越来越激烈。医疗服务行业开始持续分化，市场细分战略已然渗透到传统的医疗服务行业里，不仅成了社会办医的主要竞争战略，客观上还对公立医院转变运营管理理念产生了积极的影响。

> 现代营销学理论认为，市场细分是指基于用户的某个或某些特质（年龄、收入水平、兴趣爱好等），将大市场细分为众多小市场。每个细分市场中的消费群体内部都具有某种同质化的消费需求，但又与其他细分市场中的用户存在着显著的需求差异。

市场细分理论在各行各业都有深入的实践和运用，也取得了巨大成功。医疗服务行业在市场细分理论的战略指引下也早有实践，不仅有基本医疗、非基本医疗、高端医疗和消费医疗等类别之分，还有曾经广泛传播并被充分认可的"大专科、小综合"的定位和观点等。

医疗服务领域的市场细分，一般是根据客户的性别年龄、专科专病、所在区域、收入水平、社会阶层等特质作为细分依据。例如，妇产科、儿科、医美、口腔、植发以及各类高端医疗、涉外医疗等。很多医疗机构尤其是社会办医也经历了从综合到学科、从学科到专科、从专科到专病的演进路径。

市场细分理论的逻辑起点是站在需求端（患者端或客户

端)的视角,而不是站在供给端(专业端或机构端)的视角,消费医疗的界定也正是基于此。

1.2.3 新一轮医疗改革政策为消费医疗提供了发展环境

医疗作为曾经被高度管制的特殊行业,医疗卫生体制改革和相关政策无疑是决定医疗行业尤其是社会办医和消费医疗走向的一个重要力量。

(1)《中共中央 国务院关于深化医药卫生体制改革的意见》

2009年3月17日,中共中央、国务院发布了《中共中央 国务院关于深化医药卫生体制改革的意见》(下文简称"意见"),正式拉开了新一轮医疗改革(下文简称"新医改")的序幕。意见中明确了以下几个要点:

> ①"坚持非营利性医疗机构为主体、营利性医疗机构为补充,公立医疗机构为主导、非公立医疗机构共同发展的办医原则。"
>
> ②"鼓励和引导社会资本发展医疗卫生事业。积极促进非公立医疗卫生机构发展,形成投资主体多元化、投资方式多样化的办医体制。"
>
> ③"稳步推动医务人员的合理流动,促进不同医疗机构之间人才的纵向和横向交流,研究探索注册医师多点执业。"

该意见为社会办医（非公立医疗机构和营利性医疗机构）的地位和发展方向做了定调。

（2）《国务院办公厅关于支持社会力量提供多层次多样化医疗服务的意见》

2017年5月16日，国务院办公厅印发了《国务院办公厅关于支持社会力量提供多层次多样化医疗服务的意见》（以下简称"意见"），对社会办医尤其是消费医疗的影响更为巨大。该意见中明确了以下几个要点：

① "鼓励社会力量提供医疗服务，是深化医改、改善民生、提升全民健康素质的必然要求，是繁荣壮大健康产业、释放内需潜力、推动经济转型升级的重要举措，对推进健康中国建设、全面建成小康社会具有重要意义。"

② "在基本医疗卫生服务领域坚持政府主导并适当引入竞争机制，在非基本医疗卫生服务领域市场要有活力。"

③ "积极支持社会力量深入专科医疗等细分服务领域，扩大服务有效供给，培育专业化优势。在眼科、骨科、口腔、妇产、儿科、肿瘤、精神、医疗美容等专科以及康复、护理、体检等领域，加快打造一批具有竞争力的品牌服务机构。"

④ "改革医师执业注册办法，全面实行医师执业区域注册，医师个人可以合同（协议）为依据，可在多个机构

执业，促进医师有序流动和多点执业。"

⑤"鼓励公立医院建立完善医务人员全职、兼职制度，加强岗位管理，探索更加灵活的用人机制。医师可以按规定申请设置医疗机构，鼓励医师到基层开办诊所。"

该意见在贯彻落实新医改政策上又前进了一大步，不仅专门为社会办医发文，还为社会办医可加快发展的专科和领域指明了具体方向，更为社会办医吸引医疗人才和鼓励医生创业制定了可操作性的配套政策。意见中所罗列的政策支持专科和领域大多属于消费医疗。

(3)《关于开展促进诊所发展试点的意见》

2019年5月13日，国家医政医管局发布了《关于开展促进诊所发展试点的意见》(以下简称"意见")，意见对进一步促进诊所发展做了以下安排：

在北京、上海、沈阳、南京、杭州、武汉、广州、深圳、成都、西安等10个城市开展促进诊所发展试点工作。根据试点经验完善诊所建设与管理政策，并在全国推广（从10个试点城市选择看，东西南北中均有核心城市率先试点）。

①"医疗机构设置规划对诊所不作限制；将诊所设置审批改为备案制管理。"

②"鼓励社会力量举办连锁化、集团化诊所，形成规范化、标准化的管理和服务模式。"

③"跨行政区域经营的连锁化、集团化诊所由上一级卫生健康行政部门统一备案,跨省级行政区域经营的由所在省份卫生健康行政部门分别备案。"

④"鼓励在医疗机构执业满5年,取得中级及以上职称资格的医师,全职或兼职开办专科诊所。"

⑤"鼓励不同专科医师成立适宜规模的合伙制医生集团,举办专科医师联合诊所。"

该意见又进一步推动了社会办医尤其是"小而美"消费医疗的快速发展。

(4)《关于促进社会办医持续健康规范发展的意见》

2019年6月12日,国家卫生健康委等十部门正式印发《关于促进社会办医持续健康规范发展的意见》,意见中明确了以下几个要点:

①"社会办医疗机构是我国医疗卫生服务体系的重要组成部分,是满足不同人群医疗卫生服务需求并为全社会提供更多医疗服务供给的重要力量。"

②"全面实行医师、护士执业电子化注册制度。全面实施医师区域注册制度,推进护士区域注册管理。"

③"允许符合条件的在职、停薪留职医务人员申请设置医疗机构。"

2020年6月1日实施的《基本医疗卫生与健康促进法》

第十二条明确指出,国家鼓励和支持公民、法人和其他组织通过依法举办机构和捐赠、资助等方式,参与医疗卫生与健康事业,满足公民多样化、差异化、个性化的健康需求。

2021年,即便是在公立医院扩张的大背景下,《政府工作报告》明确传达的还是"支持社会办医"。这主要是基于需求、效率和投入三个方面的战略考量。

2021年7月1日起,在2019年10个城市先行试点的基础上,"诊所备案制"政策正式推向全国实施。

可以说,"新医改"以来,一系列政策措施均为社会办医尤其是消费医疗提供了良好的发展环境和巨大的改革红利。

1.3 技术赋能:互联网医疗、5G时代、人工智能

任何事物的发展都离不开技术,消费医疗更是如此。互联网医疗、5G时代和人工智能等前沿技术可深度赋能消费医疗,不仅大大提升了顾客的消费体验,而且有效促进了消费医疗的加速发展。

1.3.1 互联网视角:医疗服务也是一种特殊的零售

互联网时代,医疗界和投资界普遍都存在跳槽聚集的现象,尤以北京、上海和杭州表现得最为显著。从人才流向趋势

上看，互联网医疗正在快速推进着一场行业大变局。互联网医疗的商业模式也在不断试错中升级迭代，已初步形成了三个共识。

第一，没有实体医疗机构和大量医生支撑或配合的互联网医疗，不仅政策不允许，商业模式也行不通。

第二，不能笼统地谈互联网医疗，而应该将医疗进一步细分。在非消费医疗领域，互联网医疗主要体现的是工具价值；在消费医疗领域，互联网医疗则可能会撬动整个产业链条，具备产业互联网的生态价值。

第三，互联网医疗独角兽，不光有传统的垂直医疗平台，还有新兴的跨界电商和保险平台。

互联网医疗趁势崛起和互联网巨头跨界入局都说明，虽然和社会环境、政策背景有一定的关系，但关键原因还是医疗服务越来越趋同于零售。

（1）表象层面

从表象看，医疗服务的零售特征主要表现在以下3个方面：

①医疗服务线上销售产品越来越流行。无论是借助各种网络平台，还是通过公众号、微信群或小程序，销售产品都成了主流变现方式。

②风头正劲的跨界互联网巨头大多具有零售电商基因。

③医疗服务业态已然分化，越来越像零售的诸多业态。

（2）内在层面

从内在看，零售和医疗服务的差异也在不断缩小。

医疗服务是指卫生技术人员遵照执业技术规范为个体消费者提供的照护生命、诊治疾病的健康促进服务，以及为实现这些服务提供的药品、医疗器械、救助运输、病房住宿等服务。

零售是指直接将商品或服务销售给个体消费者或最终消费者的商业活动。

从互联网视角来看，无论是医疗服务的消费者还是零售的消费者都是用户，医疗服务也可以被视为医务人员将药品或服务销售给个体消费者的特殊零售活动。

于是医疗行业原本大家耳熟能详的诸多词汇都有了全新的意义。各类医疗机构就是大小不一的卖场。"大而全"的医院，特别是三甲综合医院就是类似全品类的超级大卖场，提供全面多样的一站式购物体验；专科医院就是类似细分品类的专业卖场，主要提供某一品类的细分购物服务；"小而美"的门诊部或诊所，尤其是专科或专病小机构就类似于遍布全城的细分领域的零售小商店，提供便利可及的日常消费体验；综合门诊部或全科诊所就是类似存在于大小社区临街位置的多品类小超市和便利店。

零售业广为流行的是购物中心、超级商业广场或大型商业综合体。在一线城市和省会城市，医疗服务业也开始流行医疗中心、医疗城，可见医疗服务越来越趋同于零售。

如果将医疗服务视为类零售，那么医疗零售商对应的批发商又是谁？要回答这个问题，我们首先要把医疗零售的产品分为无形产品（服务）和有形产品（药品、器械等）。

无形产品的提供者，其批发商就是各大医学院校和教学医院，尤其是三甲医院，他们可以每年成批量地输出卫生技术人员。而有形产品的提供者，其批发商就是大小药品器械经销商。全国强力推行的"两票制"，就是生产商和医疗机构中间只允许有一级配送商，而鼓励推进的"一票制"，即配送商就是药品器械生产商。

可见，医疗服务和零售有着诸多共通之处。若暂时撇开"治病救人"的专业属性，可以说医疗服务也是一种特殊的零售。过去互联网改变零售业的诸多路径和模式，不仅可以而且也值得在医疗服务上重新做一遍。

这里要特别强调的是，即便如此，**遵循医疗本质属性仍是医疗服务商业模式变革不可逾越的前提和条件，互联网医疗也是如此。**

众所周知，互联网已经成了当今时代最重要的基础设施之一。特别是在 5G 时代，互联网医疗将迎来更加广阔的想象空间，其核心价值远远不止于服务分级诊疗大局和减少公立医院的战时状态。甚至，有不少互联网医疗激进者更是喊出了重塑乃至颠覆医疗的口号。但是，无论互联网医疗有多么广阔的发展空间，我们都应回到互联网改造传统零售业的最初形态来看互联网医疗。

互联网最大的优势是什么？互联网因其不受时间和空间严格限制的独特技术优势，可实现降低成本、提升效率的效果。这是互联网能够畅通无阻、流行全球的主要原因。对于医疗服务而言，互联网医疗自然也离不开"降本提效"这个基础优势，即降低机构运营的管理成本，降低患者的搜寻成本和就医成本，提升机构运营和医生的临床工作效率等。

此外，互联网医疗还大大拓展了医疗机构的线下服务半径和线上服务规模。以前，无论医疗机构的实体规模有多大，都要受到线下服务时间和场地空间的限制。而互联网医疗诞生后，未来医疗服务的商业模式将有可能不靠医保甚至不靠传统医疗服务获得收入，而是依靠医疗服务衍生的非医疗产品或服务获得收入。各类大小不一的医疗机构，将凭借其医生的信任背书和精准聚焦目标人群的双重优势成为未来服务消费者的最佳场景和入口之一。

可预见的是，互联网医疗、消费医疗和连锁医疗这三个热门赛道，未来很可能融合出一个新物种，成为拥有成熟商业模式的独角兽。这不仅因为消费医疗各专科的目标客户群体均以中产阶级为主且具有较大重合（共享流量池），还因为该群体大多早已养成了互联网消费习惯。更重要的是，大多数消费医疗不仅可以销售无形产品，还可以销售有形产品。所以在互联网时代做消费医疗，还需要有电商思维。

互联网医疗融合了过去 20 年和未来 20 年的两大风口，将迎来"广阔天地，大有作为"的美好未来。

1.3.2 互联网或可没有边界，互联网医院必须有边界

伴随着行业形势的变化，互联网医疗终于迎来了真正意义上的春天。在电商、保险等跨界平台和互联网医疗垂直平台的带领下，全国掀起了开展互联网诊疗和建设互联网医院的新高潮。社会办医投入巨资申报和建设互联网医院成了一股不小的潮流。在这种形势下，互联网医院究竟能否解决医疗服务线下实体连锁扩张或赋能之困？

互联网自从诞生以来，不仅深度影响到每个国家、每个行业、每个人，还改变乃至颠覆了诸多商业模式。然而，互联网或可没边界，但是互联网医院却必须有边界。

互联网医院的边界主要有 3 个，业务边界、区域边界和模式边界，如图 1-3 所示。

（1）业务边界

基于政策层面，互联网医院的业务必须有边界。在关于互联网医院的政策中，其中最重要的有以下两个：

① 2018 年 4 月 28 日国务院办公厅印发的《关于促进

图 1-3 互联网医院的边界

"互联网＋医疗健康"发展的意见》，明确了互联网医院的定位分类和业务范畴等基础问题。意见中明确指出，互联网医院若是实体医院独立申办的，可开展部分常见病、慢性病复诊；互联网医院若是第三方机构联合医疗机构搭建的，可开展远程医疗、健康咨询、健康管理服务。

② 2019 年 8 月 30 日国家医疗保障局印发的《关于完善"互联网＋"医疗服务价格和医保支付政策的指导意见》，明确了互联网医院的定价收费和医保支付等核心问题。意见中明确，不作为医疗服务价格项目的情形包括：仅发生于医疗机构与医疗机构之间、医疗机构与其他机构之间，不直接面向患者的服务；医疗机构向患者提供不属

> 于诊疗活动的服务；非医务人员提供的服务，不作为医疗服务价格项目，包括但不限于远程手术指导、远程查房、医学咨询、教育培训、科研随访、数据处理、医学鉴定、健康咨询、健康管理、便民服务等。

（2）区域边界

基于执行层面，互联网医院的区域必须有边界。在政策执行上，国家明确由各省市对"互联网医院"实施分级分类管理。

随着互联网医疗的发展，各省市相继出台了互联网医院相关实施细则和管理办法。但在互联网医院准入申请、设置条件、设置申请材料、设置批准、诊疗科目登记等诸多方面，各省市都存在差异。

在实质审批方面，尤其是对社会办医申请主体而言，各省市在政策执行力度和把握松紧程度上的差别则更大，有些省市的审批相对比较容易，如宁夏、海南、广东，有些省市的审批就比较难，如上海、北京。

在医疗服务价格项目准入上，明确实行以省为主，国家、省和市的三级管理。国家医疗保障局负责规范立项原则、项目名称、服务内涵、计价单元、计价说明、编码规则等，指导各省级医疗保障部门做好医疗服务价格项目工作。各省级医疗保障部门负责根据医疗技术发展和本地区的实际情况，设立适用于本地区的医疗服务价格项目。

(3) 模式边界

基于运营层面，互联网医院的模式必须有边界。无论是作为实体医院副名称的互联网医院，还是作为第三方平台的互联网医院，在模式创新运营层面，都必须有实质性的边界限制。我们以眼科创业者最为关心的连锁赋能和连锁扩张模式为例，做个简要解析。

互联网医院可否实现对全国眼科门诊部和诊所、视力保健中心和眼镜店的赋能？或者至少可以解决当前 OK 镜（角膜塑形镜）的验配合规问题？答案是不能。以视光业务为主的眼科门诊部和诊所、视保中心和眼镜店、眼科医生和视光师工作室，这些机构的主要盈利点都在 OK 镜的验配销售上。然而，OK 镜的验配仍受制于原卫生部《关于加强医疗机构验配角膜塑形镜管理的通知》（卫医发〔2001〕258 号）中所要求的机构基本条件，即"二级（含二级）以上的医疗机构"。显而易见，门诊部和诊所在级别上还不够资格，非医疗机构的视保中心、眼镜店和工作室就更不够资格。依托二级眼科医院的互联网医院，看似能完美解决这个行业普遍的痛点。二级眼科医院具备验配 OK 镜的合规资质，通过互联网医院又能大大提升便利性。但是，该模式主要面临 3 个问题。

① 初诊问题如何解决？

患者初诊都去眼科医院？这显然不太现实。还有人想借鉴有些电商平台"有名无实"卖处方药模式——患者正常买药、平台负责补开处方。这种模式看似有初诊，但患者若有任何疑问尤其是有医疗纠纷产生时，就经不起验证检查。

②如何破解医疗本质上的区域特性？

无论是基于机构和医生的品牌辐射力和影响力，还是基于患者就医半径和便捷体验，这些都有区域性，尤其是眼科、视光、口腔、医美等消费医疗。这就会导致一些问题产生，如"合作机构如何信任你？""患者如何信任你？"，更重要的问题是"如何获得合作机构的持续信任？""外省市相关监管部门会怎么想、怎么看、怎么做呢？"。

③如何打造互联网医院的核心竞争力？

如果这个模式可行，那只要设有眼科的互联网医院都可以实现，全国不只你一家，那么为什么合作机构和患者一定要找你？是看中你合作的专家级别够高、名气够大，还是看上你是"第一个吃螃蟹"的人，有先发创新优势？

即便是在同城，连锁医疗扩张也要有靠谱的医生和运营团队，在确保线下实体连锁能跑通的前提下，互联网医院才能锦上添花，却始终无法雪中送炭。互联网医院的最佳应用场景，或是在连锁医疗集团旗下的同城连锁机构。

互联网或可无边界，但互联网医院有且必须有边界。

1.3.3 互联网医疗平台该如何抢占医生资源？

互联网医疗在经历过市场教育、资本狂欢、试错爆发、沉寂转型，再到如今的政策鼓励、资本助力后，我们已然能明白——没有医疗实体支持的互联网医疗行不通，没有医生资源的互联网医疗更加行不通。正因如此，签约实体医院、招募全职或兼职医生、收购或自建线下医疗机构、线上互联网医院、地推拉新促活等，成了互联网医疗平台最为热门的核心抓手。然而，互联网医疗平台在抢占医生资源的方法和策略上仍然存在一些误区，如图 1-4 所示。

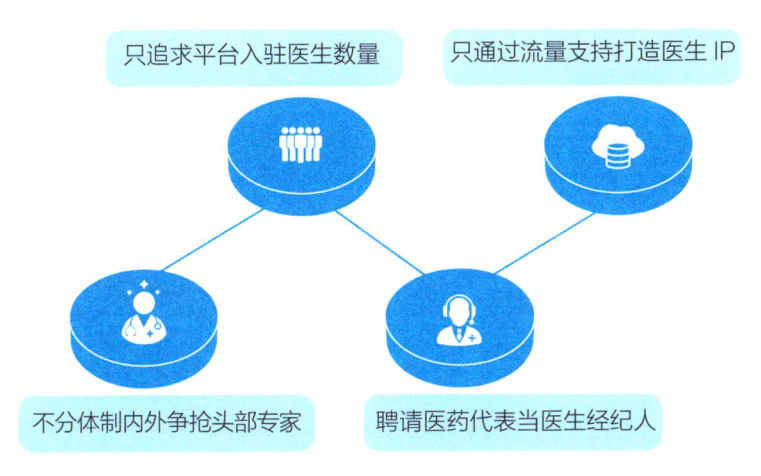

图 1-4 互联网医疗平台抢占医生资源的误区

（1）不分体制内外争抢头部专家

无论体制内外，头部专家都成了互联网医疗平台争抢的首选目标。这种头部专家不是指在网络上热度比较高的医生，而是指院士、国医大师以及各种学会主委、副主委等资深专家。互联网医疗平台之所以要争抢这些头部专家有两个原因。

> ①迅速为自己的平台树立威名
> 一些互联网巨头即便自身已经很有威名了，但是他们毕竟是从其他行业跨界而来，在医疗行业尤其是在医生圈子中的威名依然不够。
> ②希望头部专家起示范带头作用
> 互联网医疗平台争抢头部专家的另一个关键原因是，希望头部专家能够起到示范带头作用，进而吸引更多专业的、优秀的医生或者其学生入驻平台。

对于早已习惯线下威名的大多数头部专家而言，通常也只有实力雄厚的互联网医疗平台才能吸引他们入驻线上平台。这就是所谓的"王牌对王牌"。但实际上，无论是头部专家领衔或命名的专科中心还是专区、专栏，结果都成了一件图热闹的事情，而且这个热闹还大多只停留在他们刚入驻线上平台的时候，热闹退去之后就再也难以激起大的波澜，最多是在专科特有纪念日或者在平台官方活动上再次出现他们的身影和大名。

（2）只追求平台入驻医生数量

有些互联网医疗平台会极尽所能，不惜花大价钱乃至玩人海战术来吸引医生入驻线上平台。平台的核心考核指标大多是 APP（应用软件）下载量、拉新、促活和留存等。然而，这种策略与早期互联网医疗先行者派人到各医院查门诊排班表的"地推扫楼"策略没有什么区别，只是让医生的"身"挂在线上，但是"心"并未跟着上线，于是这往往会陷入"你挂你的，我做我的"的尴尬境地。入驻平台的大多数医生没有在线回复过一条患者的信息、接过一次患者的咨询电话，更没给患者加过一次号。这种"虚假繁荣"的局面，无疑是大多数互联网医疗平台拉医生上线"要数量不要质量"的结果。

（3）聘请医药代表当医生经纪人

自从药品集采全国铺开后，医药代表被降职、降薪乃至被裁员的现象屡见不鲜。在这种背景下，医药代表就成了互联网巨头尤其是零售电商平台的重点招募对象。一方面，医药代表和医生天然有着千丝万缕的关系，几乎每个医药代表手上都有不少医生资源；另一方面，电商平台跨界做医疗如果要想保证有充足的现金流，那么最佳路径还是销售药品或保健品。然而，这种以线上咨询和服务等为名目的新型转移支付模式很可能也走不远，甚至还可能给互联网巨头们埋下众多安全隐患。

（4）只通过流量支持打造医生 IP

互联网医疗平台的显著优势是有较大的流量，对于医生打造个人 IP 极为有利。然而，"流量至上"的大潮已然消退，很多医生好不容易积累了数千万次的访问量或者坐拥数百万粉丝却苦于无变现途径，徒有虚名而无实利。

对于具备商业认知和才能的医生而言，变现才是打造IP的真实目的。体制内的薪资收入越来越微薄，体制外的高薪也遭遇天花板乃至被腰斩，如何提升个人实质收入就成了互联网时代医生群体迫在眉睫的刚需诉求。因此，如果互联网医疗平台在医生打造个人IP的过程中只能提供流量支持，显然无法真正满足医生的需求，很容易导致医生资源的流失。

绕开以上误区，互联网医疗平台抢占医生资源的正确策略应该是，多招聘一些懂医疗机构实体运营的人，尤其是熟悉消费医疗的运营团队，将目光重点放在那些计划或已经在民营机构执业乃至创业的医生身上，放在那些未来最有活力的中青年医生身上，放在那些有意或正在从事消费医疗的医生身上。

最后，要说明的是，本节所指的互联网医疗不包括AI（人工智能）、大数据、云计算和生物制药研发等与医疗大健康领域结合的广义互联网医疗业务。

1.3.4 5G时代：人工智能与消费医疗大融合

5G时代的到来，不仅促使医疗信息化、数据化、智能化趋势提速，还将极力推动一度发展缓慢而今又焕发勃勃生机的互联网医疗和AI医疗。

2020年2月21日，搭载"腾讯觅影"AI辅助诊断系

> 统的人工智能 CT 设备在湖北省最大方舱医院成功部署。该设备在患者 CT 检查后只需数秒即可完成 AI 判定,在一分钟内就可为医生提供新冠病毒辅助诊断参考,大大缓解了当地 CT 筛查能力不足的压力。

AI 医疗主要结合的是计算机视觉、机器人学和机器学习,尤其是在手术机器人、康复机器人上发展迅猛,计算机视觉和机器学习也方兴未艾。而在 AI 语言交流、认知推理、博弈伦理等方面,要么其应用还不够刚需,如辅助医生书写病历的智能语音和提供患者问答咨询服务的智能导诊;要么发展缓慢或患者受益面还不够广、不够直接,如建立在认知推理和机器学习等基础上的智能诊疗,建立在大数据基础上的智能药物研发、基因检测和疾病预测。

基于"万物互联"医疗设备物联网体系的构建,AI 医疗将在远程医疗、医学影像辅助诊断乃至疫情预报、急诊急救等方面拥有无可比拟的优势。若仅从操作性和实用性上看,建立在人工智能基础上的互联网医疗将可能率先与消费医疗实现大融合。这主要是因为人工智能和互联网医疗的主要受众群体与消费医疗的主要客户群体高度重合,人工智能还将大大缓解消费医疗普遍面临的专业技术人才短缺问题。

但 AI 医疗也并不是所有临床学科都适合。从技术层面来看,AI 医疗累积的数据量还不够大,其算法的精确性还有待提升，精确性不仅是 AI 的基本要求之一，更是医疗严谨性的必备条件之一。即便 AI 解决了精确诊断的问题，后续治疗还是得回到医院，比如眼底病变诊断后还须到医院找眼科医生，需要开刀就要开刀、需要激光就要激光、需要注射就要注射。又比如肺癌、乳腺癌等肿瘤影像 AI，精确诊断病灶癌变了，也须找外科和肿瘤科等医生进行手术或放化疗。这不只是技术开发问题，更是应用场景问题。

从 AI 医疗技术和互联网医院模式的医患友好度和应用广泛性看，人工智能与消费医疗有望率先在眼视光、口腔科、皮肤科和中医科领域实现融合。这主要是因为眼视光、口腔科、皮肤科和中医科有以下 4 个共性特征：一是风险总体较小且可控，二是检验和手术依赖度低，三是医疗服务无形线上化，四是解决方案有形产品化，如各种眼镜、视觉训练仪（包括虚拟现实技术训练设备）、牙齿隐形矫正器，以及皮肤外用膏药、中药汤剂膏方和药妆、医疗级护肤品等有形产品。如图 1-5 所示。

（1）眼视光

严格意义上说，眼视光与眼科是两个既有紧密关联又有显著差异的专科。眼视光更关注功能性眼病、视觉功能改善和优化，包括近视、远视、散光等屈光不正矫治、验光配镜、隐形眼镜（包括角膜接触镜）验配、双眼视觉功能障碍诊治和低视力康复以及常见眼病筛查诊治等基础眼保健服务。

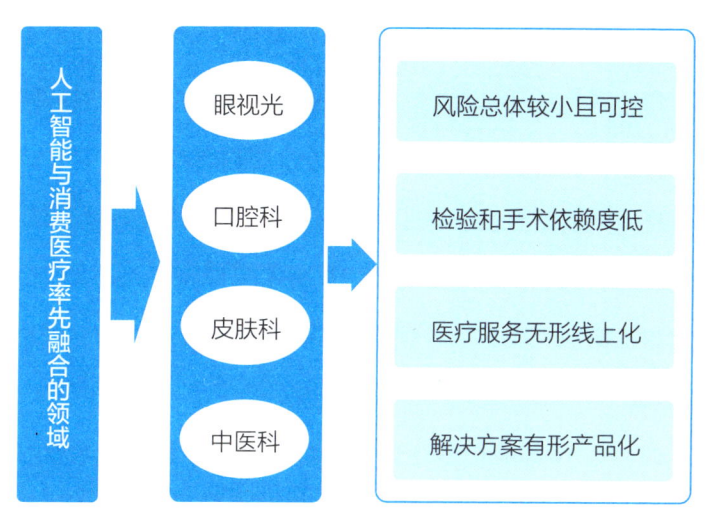

图 1-5　人工智能与消费医疗率先融合的领域

AI医疗在眼视光上的应用主要在儿童和青少年近视、斜弱视，以及成人视疲劳、老花眼等方面的诊断和治疗。例如，在眼视光医生或视光师的远程指导下，借助AI医疗可实现线上验光配镜、居家视觉训练等。再例如，以AI眼镜和护目镜等功能性眼镜为代表的可穿戴智能设备，可实时监测和传输眼健康数据到云平台，让用户轻松获得个性化眼保健服务。

> 2018年，鹰瞳科技（Airdoc）公司采集了大量眼病人群的医学影像样本数据，已在儿童和青少年屈光发育度预测和圆锥角膜预判等方面展开临床应用研究。2021年11月，鹰瞳科技成功在港交所上市，率先成为AI医疗第一股。

这是AI医疗在眼视光上成功应用的体现。

（2）口腔科

口腔科与 AI 医疗结合最有前景的或是牙齿隐形矫正业务。口腔正畸医生在 AI 口腔扫描设备的协助下制定个性化正畸方案，将三维数据直接发往正畸厂家定制，实现隐形矫正器成品快递直达正畸客户。目前，国内已有不少口腔相关企业包括正畸材料上游供应商，已在探索和借鉴国外较为成熟的互联网正畸模式。

此外，AI 智能种植牙也有可行性，只是种植这个核心步骤仍需在线下专用的种植手术室内进行操作，其医患友好度和可及性远不如互联网正畸。

（3）皮肤科

AI 医疗在皮肤科的应用，主要是结合 AI 计算机视觉技术对各种皮肤疾病予以精确辅助诊断。特别是新兴的皮肤镜、皮肤超声和皮肤 CT，已然能够形成有诊断价值的皮肤影像数据，结合 AI 算法可精确诊断诸多皮肤疾病。

更关键的是，很多常见皮肤疾病主要通过用药解决。无论是处方药还是非处方药，互联网医疗政策逐步放开后，都可实现药品的快递直送。皮肤科结合 AI 医疗应用场景，几乎可以实现不用排队、不用挂号、不用等候，依托互联网医院平台，顾客或患者可以不去医院或只去一次、不见医生或只见一次医生，就能完成整个疾病诊断、治疗乃至后续跟踪评估的全过程。

此外，医美领域中的皮肤美容，也有诸多可利用的消费场景和 AI 应用。

(4) 中医科

中医科除了与皮肤科的诸多疾病有非常紧密的交叉性（不少皮肤病，中医确有独到疗效），还有一个重要优势是治未病调理和慢性病调治，如中医舌象、面色乃至脉象，这些领域也可以实现与 AI 医疗的结合。例如，拍一张接近中医面诊水准的清晰舌苔照，上传至 AI 系统即可实现中医辅助诊断，结合中医医师首次面诊开具的中医处方，通过互联网医院或有实体支撑的第三方中医互联网平台，快递代煎中药和膏方，从而实现诊断、调理乃至后续评估的全周期管理。

眼视光、口腔科、皮肤科和中医科的未来主流业态均为"小而美"门诊部或诊所。在"5G 互联网 +AI 医疗"时代，社会办医尤其是消费医疗有望形成"S2b2c"智能医疗模式（"S"即"供应商平台 Supplier"，"b"即"企业 business"，"c"即"消费者 customer"），如图 1-6 所示。"小而美"机构及其医务人员均可担负起"S2b2c"智能模式中"b"的角色，掌握供应链集成优势、SaaS 工具平台和 AI 医疗核心的"S"可以为众多"b"赋能，让他们可以更好地为消费者"c"提供服务，同时"S"也间接地为消费者"c"提供服务。在这种模式下，

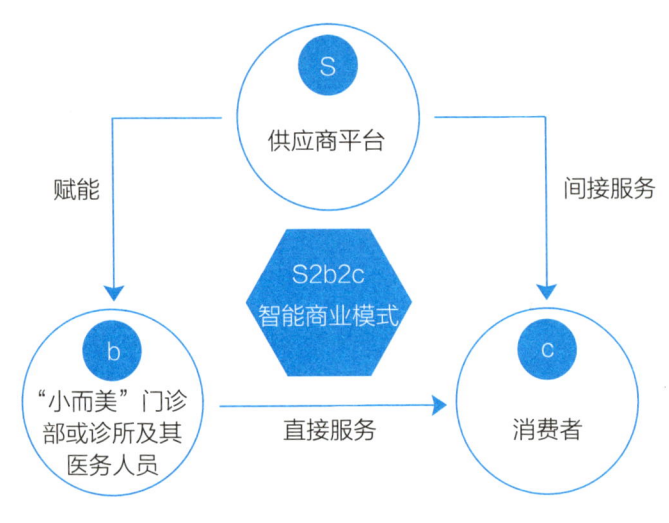

图 1-6 "S2b2c"智能医疗模式

人工智能与消费医疗将会进入更快速的融合通道。

1.4 迷途狂奔：向左冒进、向右保守、亟待破局

跨入 21 世纪以来，消费医疗得到了迅猛发展，同时也出现了明显的供需错配与路径依赖的问题。供需错配，即消费医疗同质化严重，而且在部分区域供给又过于集中，总体呈现低水平竞争乃至恶性竞争态势。消费者的多层次、个性化、多样化的需求难以得到充分满足，即市场供给不适应市场需求。从供给端看，消费医疗投资人和创业者之间也存在明显的路径依赖，一直处在"消费向左、医疗向右"的迷途狂奔之中。因

此，消费医疗领域也亟须进行供给侧结构性改革。

1.4.1 向左冒进：重消费、轻医疗

消费医疗向左冒进，即过于强调消费医疗的消费属性，重消费、轻医疗。具体表现在以下 3 个方面：

（1）投资人或创业者多为非医疗专业出身

不少医疗机构的投资人或创业者多为非医疗专业出身，甚至曾经是"生意人"，通过"商业手段"占据了社会办医的大半江山。

> ① 竞争混乱无序，出现同质化、低水平乃至恶性竞争的局面。
> ② 重运营轻临床，重营销轻技术。
> ③ 在医疗服务技术和产品创新上投入较少，没有可持续发展的核心竞争力。
> ④ 新技术、新产品高度依赖进口或"拿来主义"。

以上问题导致不少中高收入人群转向出境医疗旅游。

（2）多采取与其他一般消费品类似的激进策略

多数医疗机构采取大做广告、低价或免费等"短平快"的激进策略。

> ① 患有"广告依赖症"，即做广告就能够吸引客户，不做广告就会门庭冷落。

> ②低价或免费策略。他们倾向于采用低价乃至免费策略来吸引客户，然后实施二次开发、过度开发。
> ③奉行"短平快"的投机主义。
> ④流行"造概念、赚快钱"的理念。

这些策略导致各种乱象层出不穷，特别是违法违规发布医疗广告，渠道客户乱收费，甚至出现强迫交易、偷税漏税乃至骗保套保等乱象。

(3) 盲目扩张抢地盘

盲目扩张，要么根基不牢，抗风险能力极差，掉入规模化陷阱不可自拔，结果出现哀鸿遍野、停业关门、倒闭转让乃至卷款跑路的后果；要么严重依赖资本，高估值、高对赌，最后不得不对簿公堂，落了个一地鸡毛、全盘皆输的局面。

1.4.2 向右保守：重医疗、轻消费

消费医疗向右保守，即只强调医疗属性，重医疗、轻消费。具体表现在以下3个方面：

(1) 创始人多有医疗相关专业背景或从业经历

创始人往往偏好照搬国外成功模式，全然不顾我国医疗行业的市场特点和自身条件。

(2) 重技术、轻服务

片面追求高精尖技术和项目，对常见病、多发病的市场

需求往往视而不见甚至看不起、瞧不上。盲目追求"高大上",仪器设备要用最好的,手术室要选最高级的,软硬件都要顶级配置,然而在患者服务体验上却采取与其他一般性医疗机构类似的保守策略,习惯坐等患者上门。即便一些创业者开始重视运营和营销,但是采用的策略和方法也不接地气。

（3）要么"小而不美",要么片面追求"大而全"

要么"小而不美",大多面临资金不足、发展缓慢的困境,市场守不住,业绩上不去,人才留不住,只能靠单打独斗勉强维持,错失市场大好机遇;要么片面追求"大而全",结果往往"大了就卖"或者"大了就倒","连而不锁"或者"锁了就亏",难以形成可复制的成熟模式。

近十年来,消费医疗领域中的眼科、口腔科和医美等热门赛道,在做大做强的连锁医疗集团和上市公司中,其创始人大多不是医疗专业出身。反观诸多医生创办的单体乃至连锁医疗机构,最终都成了连锁医疗集团或是上市公司的并购标的,更有不少医生主导型的连锁机构陷入资金链断裂的危险境地。

1.4.3 亟待破局：未来路在何方？

在消费医疗创业、运营和投资实务中,创业者和投资人难免都要面对"重消费"还是"重医疗"的灵魂拷问,也经常碰到类似"向左还是向右"的路线和方向争论。既然消费医疗的底色还是医疗，从业者就必须遵循医疗的本质和规律，那么为何在现实中"消费向左"策略大多能打败"医疗向右"策略呢？

例如，眼科门诊部和诊所的定位究竟是突出消费属性的验光配镜或视力保健，还是突出医疗属性的少儿眼科或儿童眼病？视光门诊店长究竟是让医生来当好，还是选护士或视光师来当更好？再例如，中医养生机构没有医保照样可以做得风生水起，为何中医门诊部和诊所却大多要靠医保生存？生活美容转型医疗美容的成功案例很多，为何医疗美容拓展生活美容业务却大多失败？

口腔科为何"趋医美之势"渐显，包括像医美一样设咨询岗、会议营销、过度开发，甚至连美发师/美容师都差点拿一张"美牙师"证，公然介入医疗业务，相关行业协会甚至还一度冠冕堂皇地为此设置专委会？有望成为消费医疗新风口的新康复项目，其选址和装修风格为何要向健身中心靠拢而不是向康复医院看齐？风口正盛的心理赛道，生活级心理咨询工作室和互联网心理平台大多能生存，而医疗级心理门诊部和诊所为何迟迟难以落地和发展？

问题归结到一点，作为消费医疗从业者，在面临"消费向左、医疗向右"的两难抉择时，究竟该何去何从？

现实中，消费医疗机构选择"向左走"和"向右走"两条路线的都有，从专科成熟度（专科）、区域城市（空间）和短中长期（时间）三个维度来看，消费医疗选择的路线不仅可能相反，还大多不同步。

（1）专科成熟度（专科维度）

从专科成熟度而言，消费医疗不同细分专科的发展不平衡。医美项目和口腔项目市场化发展较早，专科成熟度较高，而眼视光项目和新康复项目发展相对较晚，尤其是医疗级专科还很稚嫩，离成熟还有很长一段路要走。

对于医美和口腔这类市场成熟度较高的专科，专科市场教育和目标客户认知已然成型，"消费向左"策略起到了主导性作用，于是已有部分机构开始转而走上"医疗向右"的路线。然而对于眼视光和新康复这类市场成熟度较低的专科，市场教育和客户认知还很稚嫩，多数人仍然选择的是"消费向左"的道路。

（2）区域城市（空间维度）

从区域城市（空间维度）来看，一二线城市和三四线城市，同一个细分专科的发展也极其不均衡，有些专科区域发展差距还很大。这就意味着，即便大家都开展医美和口腔业务，或者都开展眼视光和新康复业务，在不同的城市其侧重点和策略选择也会存在显著差异。

在大多数区域和城市，医美和口腔市场已然是红海，谁能拥有靠谱的医生,谁大概率就能赢到最后。对于眼视光和新康复等"小而美"的门诊部或诊所而言,一二线城市的发展机会更多,而对于眼科医院和康复医院等"大而全"的专科而言,三四线城市的发展空间更大。

(3)短中长期(时间维度)

从短中长期(时间维度)来看,短期乃至中期"消费向左"的观念依然占优势,而从长期来看,"医疗向右"的观念将逐步兴起乃至有望成为主流。

对于眼视光和新康复等成熟度较低的专科以及三四线城市的医美和口腔等专科,"消费向左"的快速发展路线更受青睐。但从长期上看,消费医疗终究会转向"向右"这条路上来,毕竟消费医疗的本质属性仍是医疗而不是消费。

回顾消费医疗过去风云变幻的发展历程,我们会发现消费医疗一直处在"消费向左、医疗向右"的迷途之中,亟待破局。在临床诊疗、生物医药、5G、物联网、人工智能、大数据等技术更新换代和自媒体崛起、信息传播空前发达的互联网时代大潮共同催化和驱动下,无论从国家宏观政策层面、医疗健康市场层面看,还是从微观医疗机构、医疗从业者和医疗消费者的角度看,消费医疗都已迎来全新的面貌和格局。在本书后续章节中,将分别从运营、要素、连锁、投资及未来五个方面,深入探讨新形势下消费医疗的破局之道。

第 2 章

运营破局:"小而美"与"产品化"

> 面对获客难、成本高、效率低的问题,从运营角度出发,社会办医尤其是消费医疗该如何破局?答案是机构定位"小而美"业态,走病种"产品化"路线。

2.1 业态定位："小而美"才是主流

无论是从社会办医面临的各种发展困境看，还是从市场发展趋势看，未来社会办医的主流业态必定是"小而美"。

2.1.1 "大魔咒"：大而不强、大了就倒

根据《2021中国卫生健康统计年鉴》相关数据显示，社会办医无论是数量还是规模都在快速增长，社会办医的数量已经超过公立医院的数量，但是社会办医的诊疗量依然远远低于公立医院，其诊疗人数还不到总量的五分之一。

业界不少专家提出了社会办医的脱困之道——做大做强。但这不仅属于典型的"拍脑袋"决策，还可能是"反果为因"的逻辑错乱和致命误导。

客观地讲，社会办医的创业者都有做大做强的梦想，而且有不少人甚至存在"大到不能倒"的认知幻觉。但在新时代，"大了就倒"的企业也屡见不鲜，甚至有人将"大"称为企业发展的"魔咒"。社会办医要想做大做强，就必须要面对和解决以下几个关键问题：

(1) 医生从哪里来？

依靠营销获利的时代即将也早该结束，新时代社会办医如果没有专业的医生团队，将很难实现持续健康发展。可是，医生团队从哪里来呢？

公立医院的医生大多数仍固守在体制内，想走出体制的医生并不多，而走出体制的医生对薪酬待遇的要求往往会很高。

(2) 运营人员从哪里来？

社会办医要做大做强，不只是面积大、床位多就可以，也不只是院长和医生的名气大就可以，还要看是否有专业的、靠谱的运营团队。然而，运营团队从哪里来呢？

以运营为核心职能的医疗职业经理人极度稀缺，存量医疗机构都在高薪抢夺成熟的运营团队尤其是靠谱的职业经理人。作为一家新机构，究竟有多大的吸引力和竞争力呢？

(3) 病人从哪里来？

社会办医想要做大，其选址要么在一二线城市的郊区，要么在三四线乃至五六线城市或县城。物业好找，设备也好买，但临床医生和运营良将难寻。大城市和主城区的人才虹吸效应极其显著，郊区或小城市的社会办医机构往往既招不到好的医生，更招不到运营团队。医生和运营缺乏的结果，必然是病人来不了。

此外，我国大多数地区的交通已经十分发达、便捷，高铁、动车覆盖率极高，而且医保还能跨省市结算。病人用脚投票（指趋向于到大城市和主城区求医看病）的便利性和主动性也越来越强了。小城市或郊区的社会办医机构依靠什么来吸引病人呢？又如何确保留住所在区域的病人而让他们不往外跑呢？

（4）资金能够支撑多久？

很多医院投资方投入巨资建造、装修大楼、采购先进仪器设备。殊不知，这些只是医院筹建的基本投入，医院开业后，还需要更多的资金投入运营。即便一些投资方资金储备相对充裕，但资金又能够支撑医院持续亏损运营多久呢？现实是，早些年纷纷投资大医院的跨界资本们，如今大多鸡飞狗跳，"爆雷"的"爆雷"，甩卖的甩卖。

社会办医机构不能为了突破现实困境而盲目追求做大做强。否则，不但无法做大做强，反而会加速陷入绝境。

2.1.2 "小而美"：单体做小、连锁做大

社会办医想做大的梦想固然美好，但这不是大多数社会办医机构该做的梦。对大多数社会办医机构而言，尤其是作为未来社会办医主流的消费医疗，真正该考虑的问题是如何做到"小而美"，如何笑着"活下去"并走得更远。

实际上，不少原来"大"的医疗机构，也开始主动做

"小",主要是出于以下几个原因:

(1)大势所向

消费升级时代,"去中心化"和"细分为王"已成为大潮流,"大而全"的商业模式在未来不是主流,尤其在消费医疗中更加不可能成为主流。如今,专科已不足以进行细分,专病才是未来。

此外,社会办医做"大"意味着大投入,意味着可能面临长期没有正向现金流的问题,而现金流正是决定社会办医机构生死存亡的头等大事。

(2)时代不同

过去,一些医疗机构之所以在做大做全之后拥有了更多的市场,除了供给严重不足这个大环境的原因外,还因为医生坚守大平台的执念和患者固有的传统就医观念。对早期的社会办医而言,既然医生团队和临床技术不够强,又没有品牌积累和历史沉淀,那就只能在大楼、门头、装修、广告、宣传和服务上做足文章。

如今,时代不同了,医生尤其是消费医疗领域的各专科医生正在逐步走出体制。虽然这个进程还很缓慢,但是不少医生去往小型医疗机构的趋势不可逆转。走出体制的医生,无论是全职创业还是多点执业都是挡不住的。

同时,患者就医理念也在发生转变。过去,消费医疗的主要受众群体是60后、70后、80后，现在及未来几十年，消费医疗面对的是90后、00后乃至10后、20后。传统营销模式收效甚微，有个性、有特色的"小而美"机构反而更受年轻人欢迎。

（3）大却难复制

过去也有做大的医疗机构或医疗集团，这主要归功于以下几个原因：

> ①赶上好时代，享受到了时代赋予的巨大红利。
> ②收购的医院原本实力就不错，改制后名列前茅的民营三甲医院大多属于此类。
> ③走特色专科路线而发展壮大。

但是以上这些成功因素都难以复制，真正依靠自己做大做强又具有可复制性的社会办医机构可谓凤毛麟角。

众所周知，"新医改"的主基调是"保基本、强基层、建机制"，"小而美"业态也是"强基层"的体现。基层多为门诊部和诊所这样的小机构，小机构不光要"小"，还要"强"，才能"美"。

社会办医做"小"，主要是指单体机构要做"小"，这并不影响"小而美"连锁做成"大"集团，即"单体做小，连锁做大"。"单体做小"，是为了更好地生存，只有生存下来，才有未来可能的"连锁做大"。

对于大多数社会办医尤其是消费医疗而言，其主流业态必定是"小而美"，当自己的家，作本地的主，称区域的王。

2.2 运营核心："病种产品化"三要素

无论是过去还是未来，医疗机构运营的核心都是"病种产品化"，即选择主打病种或项目，通过标准化、规范化形成大规模、可复制的能力，从而充分满足目标客户的需求。病种产品化有三大要素，即病种筛选、病种定价和病种入口。如图2-1所示。

图 2-1 "病种产品化"三大要素

其中，病种筛选和战略定位直接相关，病种定价和病种入口则是营销的核心要素。

2.2.1 病种筛选：占领客户心智

"定位（Positioning）"最早由杰克·特劳特（Jack Trout）从军事领域引入商业领域中，是指如何让你在潜在客户的心智中与众不同。病种筛选就可以被理解为消费医疗机构的定位，解决"我是干什么的、主打病种是什么"的问题。其核心不在于"我认为我是谁"，而在于"目标客户心智中我是谁"。

消费升级时代，"大专科、小综合"的发展策略早已过时。医疗服务市场趋势是分工越来越细、病种越来越长尾化。在这种时代背景下，仅仅懂得错位竞争和专科细分就想做好消费医疗还远远不够，还要深入到发展什么专病，以专病带专科，从专科到学科、从学科到机构，走"从下到上、从小到大、从部分到整体"的市场化路线。

很多医疗创业者或从业者不知道如何筛选病种，主要原因有两点：

> ①国内学科分类一直走的是"从上到下、从大到小、从整体到部分"的行政化路线。虽然临床医学细化分科持续发展了数十年，但也只缓慢分到了大类专科层面，离专病细分还早得很。
>
> ②长期以来医疗服务市场的主要矛盾是供给总量不足，在互联网尚未普及的年代，传统营销通路很难实现与

> 医疗市场需求的精准匹配，从而导致专病深入细化的进程受阻。

在互联网新时代，这两个主要的客观障碍早已被打破，临床医学开始由专科向专病细化、专病单科诊治向跨学科联合诊治转变。各省市已经有不少公立三甲医院先后开设了专病门诊，这不单是"术业有专攻"的需要，还是"打破专科局限、整合医疗资源、优化诊疗流程、体现联合优势"的需要，更是站在患者需求角度考虑的需要。

医疗市场供给端的主要矛盾也早已从过去的总量不足逐步转向为现在和未来的结构性不足。随着互联网技术的飞速发展，尤其是移动互联网的广泛普及，即使是长尾化病种也能实现精准匹配，从而聚拢足够多的目标患者群。这种现象的一个典型例证是，就连一些罕见病都有各自独立且活跃的线上社区和微信社群。

如何对病种进行筛选呢？

病种筛选不仅需要自我定位、市场调研和竞争分析，更需要对病种做到全面深入的理解。例如，创办眼科医院，白内障病种应为首选；创办眼科门诊部，儿童青少年眼视光或屈光手术应为首选；创办骨科医院，关节镜手术类病种就比较对口；创办康复或疼痛门诊部，颈肩腰腿痛病种更为适合。

概括来说，病种筛选的思考逻辑和进阶路径主要有 3 个维度，如图 2-2 所示。

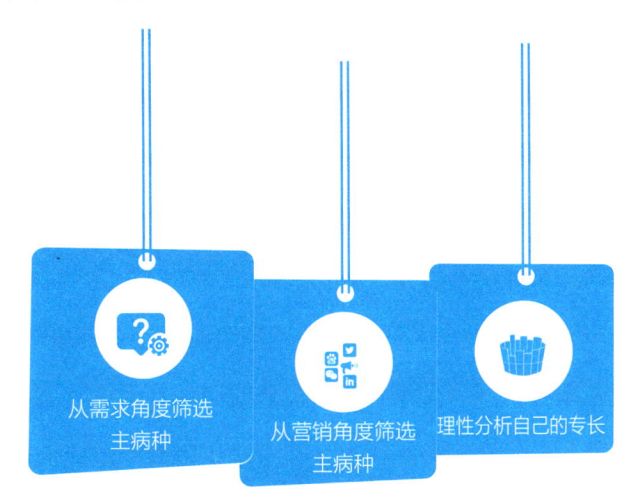

图 2-2 病种筛选的思考逻辑和进阶路径

(1) 从需求角度筛选主病种

消费医疗首先要面对的就是消费者的需求。以眼科为例，从学科发展角度看，疑难杂症、罕见眼病都值得深入研究。不少知名眼科专家的主攻方向就是眼眶肿瘤或眼眶整形等疑难杂症，这让他们在学术界容易成名、出成果，也有利于让他们提高自己的行业地位。

但从市场需求的角度来看，常见病和多发病才是首选，眼眶疾病无疑是个冷门、偏门。眼科专家选择创业通常不会首选眼眶肿瘤作为主打病种，即便这是该专家赖以成名的拿手绝技。在现实中，眼眶肿瘤专家如果想要赚点外快的话，往往还需要靠白内障、屈光等常见病手术来实现。

（2）从营销角度筛选主病种

营销讲究"精准"，即"少而精、专而准"。通常，消费医疗各个专科都有数十乃至数百个病种，这些病种也都有广阔的市场需求。但是每个机构和医生筛选出的主病种最好不要超过3个，这样才符合营销学规律。

对于患者或客户个体而言，往往是在某个时间患有某个病种或主病种，或有了某种项目需求或主项目需求。消费医疗要做的就是抓住这个核心诉求，在专病患者群中塑造机构和医生个人品牌。然而，很多机构和医生为了追求受众面广，罗列了太多专长病种，看似什么都能治，但是最终都没有形成自己的品牌标签。

在移动互联网高度发达的时代，消费医疗通过病种长尾化营销，已完全可实现病种与医生的精准匹配和关联记忆，即使是小病种或小项目，也能形成大市场。

（3）理性分析自己的专长

很多医疗机构尤其是医生，自认为临床诊疗水平不错，对于专科诸多疾病都非常擅长，殊不知这种擅长往往经不起深入推敲。要知道，能看好病并不代表就是擅长。

对于大多数消费医疗的客户而言，"看好病、有疗效"往往只是最基本的要求。作为机构和医生，还应深入追问自己以下两个问题：

> "在看好病的基础上，有没有自己的诊疗心得和独到之处？"
>
> "自己的擅长是相对求医的患者而言，还是在专科同行里做客观比较后得出的结论？是否也能得到同行的认可？"

问题判断标准很简单——假设我创办了一家新机构，我的同行或者曾经的患者，若身边有合适的患者，在确保我的机构能够诊治的前提下，是否还能第一时间想到我、推介我？

从某种程度上说，病种筛选对医疗机构的发展起着决定性作用。因此，医疗创业者在筛选病种时应从各个维度进行综合、全面的考虑，以筛选出重点发展的主病种。

2.2.2 病种定价：超越项目定价

解决病种筛选问题后，下一步就要解决病种定价问题。定价，是制定定价策略，而不是指固定病种价格，更不是指每个省市收费标准汇编里的项目价格。

过去长期实行的项目收费模式已经越来越不合时宜，未来取而代之的将是按单病种收费、按诊断分类收费（DRGs, Diagnosis Related Groups）、按病种分值付费（DIP, Diagnosis Intervention Packet）、按诊疗人次计费、自主备案定价等多种收费模式和定价模式。即便是同一个病种也会存在诸多不同，如不同症状、不同程度、不同诊治方案，甚至不同的支付方式和能力，自然也有相应不同的定价。

即便我们仍沿用项目收费模式，除了相对固定的医保类项目，还有众多自费类项目可自主定价。不只是社会办医机构可自主定价，公立医院也可以。公立医院自主定价的收费项目主要涉及整形美容、辅助生殖、口腔、眼科和中医等多个临床学科以及特需医疗和高级专家诊查费等。自主定价还包括政策允许范围内的优惠策略。

在制定病种定价策略时，要参考以下几个硬性标准：

> ①如果走医保路线，就要严格遵循现有医保体系的定价，特别是正在全力推行的按诊断分类收费、按病种分值付费制度。
>
> ②如果走的是商业保险路线，就要遵循通行商业保险的付费规则。
>
> ③如果既不走医保也不走商业保险路线，走的就是纯自费路线，那么它在制定定价策略的时候就有更多讲究，病种定价也可以更加灵活多样。

长期以来，我国医疗服务定价的整体水平尤其是手术费、治疗费和护理费等定价水平普遍过低，无法体现医务人员的劳动和技术价值。近年来，尽管服务类相关项目定价已有相当幅度的提高，但是定价仍然偏低。其主要原因在于以前的定价基数太低且长期未做出调整,而短时间内又无法频繁提价或一次性提价到位。

除了新兴的大型设备检查项目和新特药定价不低外,绝大多数项目收费和单病种收费价格的提升幅度不仅远远落后于通货膨胀的速度,还落后于城镇居民和农村居民人均可支配收入的增长速度。

长期不合理的医疗服务定价模式导致了患者看病陷入"表面不贵"(项目和单病种收费低),"实际并不便宜"(明的暗的、合规的不合规的、直接的间接的总费用并不低)的两难困境。消费医疗要想走出这种困境,就要在遵循现行定价制度的框架下,实行差别化的合理定价策略。如图2-3所示。

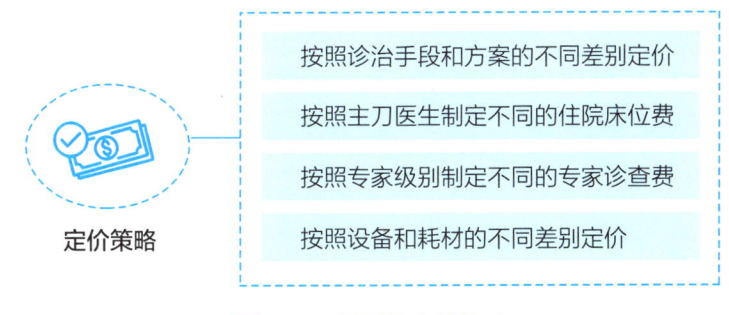

图 2-3　差别化定价策略

（1）按照诊治手段和方案的不同差别定价

以相对简单的腋臭病种为例,就有微波热凝、无创注射和微创手术等 3 种不同的治疗手段和方案，对应的也就应该有 3 种不同的定价策略。在美容外科中，就连双眼皮手术也有 3 种不同的手术方案。

（2）按照主刀医生制定不同的住院床位费

例如，某知名医生集团在上海公立二甲医院的收费体系，就是根据主刀医生制定了不同价位的床位费。

（3）按照专家级别制定不同的专家诊查费

专家诊查费即人们熟知的专家挂号费。绝大多数公立三甲医院的特需门诊采用的就是这种差别定价模式。这种定价模式一般适用于治疗方案无法明确区分或只需门诊不需住院诊治的专科或病种。例如，在中医领域，国医大师、全国名老中医、省级名中医、市级名中医、主任中医师、副主任中医师等，都可依次制定不同的专家诊查费。

（4）按照设备和耗材的不同进行差别定价

以眼科为例，激光近视手术根据不同的手术设备和治疗方案，主要有准分子激光、半飞秒激光和全飞秒激光 3 种不同的定价体系；白内障手术，有传统小切口（无超声乳化设备）、超声乳化手术（超声乳化仪）和飞秒激光手术（飞秒激光诊疗仪）3 种不同的定价体系；根据植入的人工晶体不同，还可进一步细化为更多的定价策略（国产硬片晶体、进口折叠晶体、进口多焦折叠晶体、进口非球面晶体等）。

再如医疗美容科。注射微整材料和隆胸隆鼻假体都有国产、进口等数十种品牌可供选择；其中，隆胸方式还有假体隆胸、注射隆胸和自体脂肪隆胸3种方案；光电美容项目中，根据客户需求和仪器功能特性的不同，也有数十种仪器和治疗方案可供选择；除此之外，还有口腔科、骨科等高耗材专科，它们也都有类似的差异化定价体系。

以上几种定价策略主要是从成本和收益上进行考虑的。此外，定价策略还应当考虑竞争对手和市场行情。

> 以定价空间较大的医美为例。公立医院一台双眼皮手术，标准收费可能在两三千元，如果医生的技术水平很高并且有强大的个人品牌号召力，那么收费两三万元乃至更多，依然会有市场。普通医美机构打支玻尿酸只收几百元的所谓"打针费"，意在"请君入瓮"。品牌医美机构做注射微整形则收几千元乃至数万元，收的不是打针费，而是技术、美学和安全价值，更不做所谓的"二次开发"，在保障消费者权益的同时，也为自己赢得了信任和口碑。

总体上，消费医疗可综合考量病种成本收益、市场竞争程度以及自身品牌号召力等因素进行差别定价。一次定价不合理没关系，可以二次定价或三次定价，只不过在调整定价尤其是调高定价前，务必先到有关部门进行备案。

病种的定价策略不是固定的，但是无论采用哪种病种定价策略都必须遵循3个前提：事先备案、提前告知、透明合规。千万不要走上"低价甚至免费蒙骗患者""术中加价""过度开发"等所谓经营套路和违规收费的错误道路。

2.2.3 病种入口：获客决胜运营

病种入口，就是解决"病人从哪来、怎么来"的问题，即究竟该如何获客？从某种程度上说，获客能力往往能决定运营成败。

消费医疗有哪些可持续的病种入口策略呢？如图2-4所示。

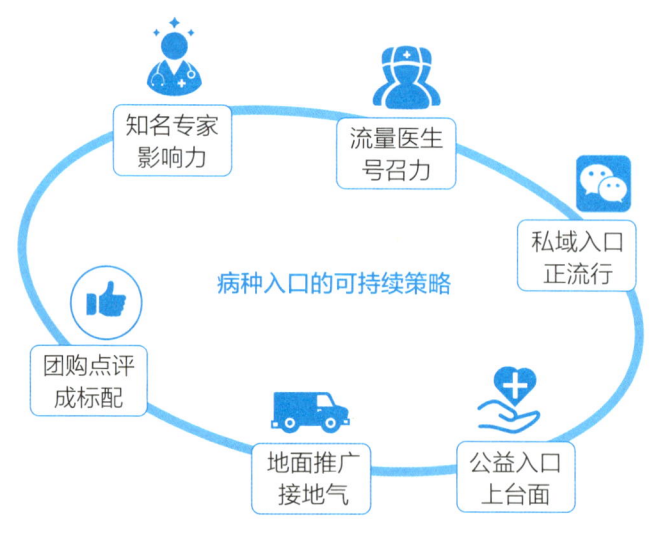

图 2-4 病种入口的可持续策略

（1）流量医生号召力

流量医生拥有数量庞大的粉丝乃至超级用户群，他们往往在特定细分领域内具有较强的号召力，可带来源源不断的稳定客源。

（2）知名专家影响力

流量医生毕竟不多，但是细分领域的知名专家不少，且在业界影响力较大。消费医疗可以借助知名专家的影响力来获客。

（3）私域入口正流行

私域入口是大多数消费医疗的主要获客策略之一，主要的私域从早期的博客、微博到现在的微信、公众号、视频号等。它们有的侧重一两个私域渠道，有的则在全渠道打造私域。

（4）团购点评成标配

团购点评几乎成了消费医疗的获客标配，通过就近锁定人群、图文并茂的点评和免费体验等方式，积聚了规模庞大的年轻用户，而年轻用户正是消费医疗主要的目标群体。

（5）地面推广接地气

社区义诊、普查、讲座和转诊等传统地面推广形式，看似不够"高大上"，实则"接地气"。特别是对诸多常规病种来说，地面推广更是不容错过的入口策略。在这里有必要提醒的是，地面推广尤其是开展义诊活动，需要事先到卫生监督部门办理相关备案手续。

（6）公益入口上台面

医疗因其行业特性，原本就自带公益属性。做公益也有做公益的逻辑，公益做得好，不仅能让有需要的患者得到切实的帮助，还能有效地扩大病种入口，让更多的患者受益。有些专科病种，向来是民政部门和公益慈善等机构援助的公益主场，如眼科中的白内障和儿童弱视等，医美中的儿童唇腭裂和乳腺癌术后修复等。

病种入口策略远不止以上 6 种，随着市场环境和营销模式的变化，消费医疗还会继续探索出更多样更有效的获客策略。

2.3 入口策略：主流获客模式

消费医疗大多有 3 种主流的入口策略，简称为"上天入地、天下为公"策略，即私域入口（上天）、地推入口（入地）和公益入口（为公）。

2.3.1 私域入口：正流行的获客策略

在移动互联网时代，私域运营早已成为各行各业必备的获客策略。私域是相对公域而言的，指的是机构或个人直接拥有的、可重复获得的低成本甚至免费的用户。2020 年被称作"私域元年"。在消费医疗领域，几乎所有的专科和病种都适合通过私域来获客。

私域策略打法视具体专科和病种而定，大多数专科和病种都适合微信公众号、微博等自媒体营销,医美、口腔和屈光、视光等专科还适合短视频营销。这里重点介绍一下私域入口中的微信公众号导流和社群运营导流。

单从导流角度看,互联网医疗平台(网站和APP)、线下门诊、微博、头条号、抖音号、视频号乃至微信朋友圈,都可作为微信公众号的导流渠道。不过,最直接有效的渠道还是互联网医疗平台(网站和APP)、微信个人号、视频号和线下门诊导流。微博、头条号、抖音号等渠道,更多地依赖医生的个人IP,所以对于错过红利时代的普通医生而言,导流效果相对差一些。

关于社群运营,有些专科和病种适合加群,比如眼视光、儿科、产科、口腔科、中医科、新康复和辅助生殖(不孕不育)等;而有些隐私专科和病种则不太适合加群,如精神心理、医疗美容等。社群运营可分为线上和线下两种方式,还可以线上线下相结合,实现线上线下相互引流。社群运营的核心策略是更好地挖掘客户日常高频的医疗或健康需求,为客户提供更好、更及时的服务。

在儿科领域的成功案例中,不仅有流量医生创办线下儿科诊所6个月就赢利,其APP付费会员服务、在线咨询、电商和诊所等渠道全年营收已过亿元的例子,还有通过社群运营获得成功的某知名儿科机构等优秀案例。

> 某知名儿科机构采取线上线下"两条腿"走路,核心策略是走育儿微课、社群运营之路。该机构早期通过医生持续科普吸粉,待家长和患儿体验了诊所的优质服务后,再通过口碑效应进行传播,其旗舰店首月便实现了赢利。
>
> 在收费社群中,工作人员每天保持30分钟互动交流,对每周问答进行总结,其线上付费用户已超过3万人,即每10个到店的患者中,来自线上渠道的就有4个。

该儿科机构的社群运营模式具有可复制性,尤其值得眼视光、产科、口腔科、新中医、新康复等专科连锁机构借鉴、学习。

屈光领域也有成功的微信公众号导流和社群运营的案例。

> 某眼科微信公众号由知名大学毕业的青年眼科博士创办。该公众号内容除常规的眼科科普外,还兼具个性化和生活化,尤其是连续举办了多期近视手术案例征文比赛,这种让"术后患者曲线代言"的妙招可谓屡试不爽,大大降低了粉丝们对屈光手术的顾虑和恐惧。该博士还依托所执业的连锁眼科集团平台,时不时地通过做网络直播、上电视栏目来增加公众号人气,在眼科圈和患者群内颇具知名度。

辅助生殖领域也有不错的线上运营案例。

> 上海某知名三甲医院的辅助生殖科,科主任不仅有核心技术,更为难得的是,他还亲自维护互联网医疗平台

> 上的个人网站，积累了规模可观的线上流量，其个人网站的总访问量已超过 2200 万人次，日访问量大多保持在 5000～13000 人次，门诊量也持续居高不下。
>
> 该辅助生殖科开设了微信公众号，日常由科里年轻的辅助生殖博士负责更新和维护，已吸引数万精准粉丝关注。此外，该科室还建了多个爆满的专科粉丝群，科主任会抽空回应群里的患者诉求，群互动效果极好。

此外，公众号与视频号相互打通，形成了 10 亿级的用户生态圈。这对于大多数适合视频号推广的消费医疗专科而言，无疑是个巨大利好，尤其是对已有粉丝基数和社群基础的公众号而言，其更能享受到视频化营销社交裂变的超级红利。

2.3.2 地推入口：接地气的获客策略

地面推广，简称"地推"，是一种既传统又接地气的营销策略，在消费医疗中一般适合高发病率、低私密性的常见病种。地推能够获得成功的关键因素主要有事前精准发动、事中监测跟踪、事后客服随访。但是，不同的地推方式侧重点又大不相同，如普查、讲座等，事前精准发动更重要；义诊、转诊等活动则侧重于事后客服随访。

不同的专科和病种适合开展的地推营销活动会有所不同，如表 2-1 所示。

表2-1　不同的专科和病种适合开展的地推形式

专科	病种	适合地推形式
眼科	白内障、翼状胬肉	普查
	近视、斜弱视	普查和讲座
	眼底病、青光眼	转诊
口腔科	口腔正畸（如牙列不齐、龅牙、地包天），口腔修复（如镶换、修补假牙、做牙套、牙畸形、四环素牙）和口腔种植（如缺牙但不做活动假牙或不愿磨损其他牙齿做假牙）	普查、义诊和讲座
中医科	中医科绝大多数病种	普查和义诊
皮肤科	皮肤科各种常见病种	
疼痛科	颈肩腰腿痛等多发病	

从表2-1中我们可以看出，普查适合绝大部分专科和病种。下面我们来重点介绍一下如何开展普查活动。

普查前，我们要根据疾病发病率、发病人群聚集度、筛查场景可及性、筛查手段便捷性等遴选主攻病种。

我们以眼科为例，分析什么样的病种适合开展普查活动以及如何做好普查活动。

①为什么白内障和翼状胬肉适合普查，而眼底病、青光眼就不太适合？这主要是因为病种发病率、筛查技术难度差异大。

> ②为什么同样是普查白内障，有些地方要从街道到社区或从乡镇到村庄（自上而下）进行，而有些地方则需要由点带面（自下而上）来拓展和筛查？这主要是根据目标区域的公共关系强弱和依托慈善公益组织的不同而定。
>
> ③为什么同样是做义诊，公立医院大多数只能收获一两篇图文并茂的报道，而民营医院却能带来实实在在的患者群和后续病源？这主要是事前活动的物料准备（如医护人员名片、优惠政策宣传折页、患者信息登记表等）和事后客服跟踪随访差异所导致的。

地推入口看似简单，实际上是一项系统性工程，每一个环节都需要实战积累和细节把控，缺失其中任何一环，营销效果都会大打折扣。比如，普查和义诊，要配备专业的健康教育人员，制定相关激励策略，制定患者就诊便利流程和优惠策略，提供实用性强的专科小礼品等。

2.3.3 公益入口：上台面的获客策略

公益作为病种入口的逻辑主要体现在 3 个层面，如图 2-5 所示。

- 提升品牌形象
- 主打优惠或便利
- 公益本身就是一个相对稳定的入口渠道

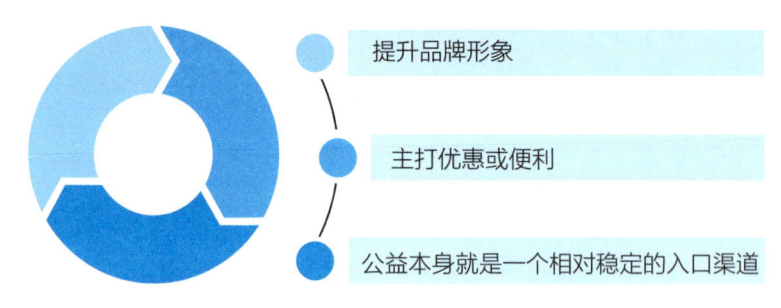

图 2-5　公益作为病种入口的逻辑

（1）提升品牌形象

公益有助于提升品牌形象，让医生及其机构都获得更为广泛的知名度和认可度。不仅如此，公益类新闻往往还可实现传播链式自我扩散和患者的口口相传。

公益主题是消费医疗品牌得以实现低成本传播的必备要素。特别是在报纸、电视和权威网络媒体等传统媒体上，没有公益主题引领，光打硬性广告是很难让品牌有效传播的。

（2）主打优惠或便利

公益主打的要么是优惠，要么是便利，要么是二者兼而有之。例如，义诊实质就是免收挂号费（或诊查费）；普查或筛查，除了免收挂号费或诊查费外，还减免了部分检查项目的费用；手术包干或治疗减免，实质是减免了部分治疗费或手术费，相应的优免费用可视为营销成本；对口医疗援助边远贫困地区，则更多地体现在优惠和便利上。虽然公益的侧重点有所不同，但都是实实在在地为患者谋福利，能够有效地吸引目标人群来积极参与。

（3）公益本身是一个相对稳定的入口渠道

以眼科为例，对于老年性白内障和儿童弱视等低视力人群，很多地方的残联每年都有援助指标。只要符合条件，残联就会提供专项资金定向援助患者。例如，实施老年性白内障复明手术，其中患者自费部分，每例由残联资助 600～1500 元不等的费用，自费不足部分则由定点医疗机构予以减免；儿童弱视治疗，一般以年为周期，每个儿童的定额援助为 3000～5000 元 / 年。这些目标群体大多由残联遴选审核确定后转送至定点机构进行诊治。除了残联，还有许多慈善和扶贫专项基金也加入了眼科公益项目。

不少知名医生集团，很早就实践了公益这一入口策略，如主攻脑瘫病种的某知名医生集团，早在十多年前就在中华慈善总会的支持下，在东北、内蒙古和四川等地区开展了脑瘫儿童医疗救助公益项目，取得了很好的社会效益和品牌效益。

做公益不代表一定不能有利益。真正有生命力的公益，往往更需要专业的商业化运作。对于消费医疗而言，"左手私利，右手公益"，两者之间并非存在着天然矛盾。只要将公益项目落到实处，就不怕被人诟病或说三道四。当然，通过公益入口获客也有前提——不能以公益名义来欺骗患者，不能在公益本身上牟取私利。

做公益，用心做，就对了。

2.3.4 低成本获客："高频带高频"

社会办医尤其是消费医疗，几乎都在为获客发愁。医疗服务本质上属于低频产品，即便是消费医疗也无法和出行、外卖、社交、直播、游戏、电商等高频产品相提并论。消费医疗有没有可能通过高频产品进行裂变营销，即通过"高频带高频"，实现低成本获客？

"流量池营销"专家杨飞认为，裂变营销的核心是"存量找增量，高频带高频""一切产品皆可裂变，没有绝对低频的产品，也没有不可裂变的营销"。对于消费医疗而言，"高频带高频"的完整链条是"高频带高频，高频抓用户，低频做利润"。

（1）从业务端找到高频产品

消费医疗要实现"高频带低频"，首先需要从业务端找到高频需求，如表2-2所示。

表2-2 低频需求、中频需求和高频需求

频次需求 专科业务	低频需求	中频需求	高频需求
医疗美容	双眼皮、隆鼻、隆胸等美容外科业务	皮肤美容、注射微整等	日常医疗级和生活级护肤、美容咨询问诊等

续表

频次需求 专科业务	低频需求	中频需求	高频需求
眼科视光	白内障、屈光手术等	干眼，视觉疲劳，视光（验光配镜、OK镜、近视防控）等	眼镜清洗护理、调适保养以及日常眼健康管理等
口腔业务	口腔种植等	口腔正畸、洗牙	日常口腔保健、口腔护理
妇产业务	助产、妇科手术等	痛经、月经不调、乳腺炎、乳腺小叶增生等	备孕、孕前、孕中、孕后、产前、产中、产后、妇科炎症等相关服务和产品以及咨询问诊服务
儿科业务	小儿外科等	儿内科、疫苗接种等	中医儿科和儿科轻问诊等

从业务端着手，每一个消费医疗专科都能找到符合相对高频乃至高频需求特性的服务和产品。在儿科领域中，如前文提到的，某流量医生的线下儿科诊所、线上APP、在线咨询和电商，某知名儿科机构的育儿微客和社群运营，都是"高频带高频"的成功应用案例。

按照"华与华方法论"的营销逻辑，以上列举的需求和产品只是核心业务中的第一个层次——"拳头产品"，我们还应提升到第二个层次——"权威专家"。"华与华方法论"提出，

"一切行业都是咨询业，一切公司都是咨询公司，都是顾客的咨询顾问。"如果用咨询公司的思维方式来重新思考产品和服务，消费医疗要做的就完全不一样了，它应竭尽所能地让自己成为细分领域中顾客可信赖乃至依赖的权威专家。

例如，医美机构要努力成为顾客的健康美丽咨询顾问，眼科视光机构要努力成为顾客的眼健康和视觉健康咨询顾问，口腔机构要努力成为顾客的口腔健康咨询顾问。咨询服务或产品可以低价甚至免费，是消费医疗至关重要的战略产品，更是用心留住顾客、提升需求频次的法宝。

我们做不到全知全能，但至少能做到比顾客更懂、更专业。即便我们自己无法满足顾客的需求，也可以提供靠谱的备选专家和就诊建议。要知道，帮客户筛选信息也是一种专业能力的体现，至少能让顾客少掉坑、少交智商税。作为专业的医疗机构，持续不断培训员工的目的，不单是让他们可以熟练地推介自己的产品和服务，更是培养员工有能力成为顾客的专业顾问。

（2）从社群端强化高频链接

私域流量和社群已是消费医疗获客的重要来源。私域流量是相对于公域流量而言的。公域流量不是机构自己的，且成本越来越高昂，早已不足以支撑机构持续发展。私域和社群运营强调的是用户思维和社交链接，其中微信公众号、微信群和个人微信号是常用的链接通道。微信公众号仍属于低频，微信群可算中频，个人微信号才算高频。从社群角度来说，我们应当激励员工和顾客，尤其是为KOL[①]、KOC[②]建群，沿着"微信公众号–微信群–个人微信号"的递进路径逐步强化，重点打造个人微信号。通过日常义务科普、健康咨询或体验分享，塑造个性化、生活化的专业顾问人设，从社群走向更为高频的"1对N"社交链接。

无论是对员工还是对顾客，机构都需制定富有竞争力的激励体系和福利体系，以促进其完成整个服务闭环，进而实现裂变循环。医疗机构运营管理者的核心职能应当从过去的管理和控制逐步向赋能和合作转换，将其所在的医疗机构打造成为赋能式平台。即便平台不大，只要能真正做到赋能自己的员工和顾客，就有机会实现裂变式营销，从而服务于更多的客户。

（3）从场景端开拓高频需求

消费医疗还可从场景端开拓高频需求，最常见的消费场景有以下几种：

> ①线上消费场景
> 将消费场景（时间、地点、心情和状态等）从线下转

---

① KOL, Key Opinion Leader, 关键意见领袖。
② KOC, Key Opinion Consumer, 关键意见消费者。

移到线上（微信号、公众号或小程序），通过设定福利分享激励机制，实现线上高频裂变。也可以开放线上自助服务端口，客户不仅可以进行预约、挂号、咨询，查阅报告和健康档案，还可享受数字化就诊服务。

例如，在疫情防控的特殊时期，眼视光门诊可让客户体验线上配镜服务，在专业医务人员的指导下实现自助选镜乃至配镜。除了必要的线下门店检查外，尽可能地减少客户在门店的驻留时间和交叉感染机会，在安全合规的前提下，进一步提升客户服务体验。

再如，口腔正畸线下门店有望通过口腔扫描来获取客户的口腔三维数据，正畸医生在人工智能技术的辅助下为客户制定个性化矫正方案，发往正畸厂商定制隐形矫正器，再通过快递将产品寄达客户，实现互联网正畸服务。

②异业联盟消费场景

消费医疗还可以根据目标客户进行画像，依托异业联盟消费场景做裂变式营销。例如，医美机构可联合瑜伽馆、美容美发店、品牌时装店等，眼科机构可联合眼镜店、品牌童装、儿童游乐场和课外教育培训机构等，口腔机构可联合品牌餐饮连锁店、大型生活超市、广场舞场地等，推广涵盖不同品牌和门类的服务或产品优惠套餐，甚至医美机构、眼科机构和口腔机构彼此之间也可以相互联合，实现会员共享或流量互用。

③自建全新消费场景

有条件的消费医疗机构还可自建全新场景。

以植发细分领域为例，植发无疑是低频需求，而养发护发、美发理发则是高频需求。但是植发机构可根据机构物业的实际情况，开辟独立区域或新增相邻门面，打造中高端的"医疗级美发店"，将原本低频的植发行为转化为高频的美发养发行为乃至护发健发行为。

消费医疗要想实现高频带高频、低成本获客，就需要彻底改变全员的传统认知，高度认同服务和产品电商化，全方位践行"以顾客为中心"理念而不是空喊口号，从而取代过去事实上的"以产品和服务为中心"理念，专注顾客需求，为顾客提供超乎预期的优质服务和消费体验。

一百多年前，国际医疗界流传甚广的名言——To Cure Sometimes（有时治愈），To Relieve Often（常常帮助），To Comfort Always（总是安慰），或已蕴含着医疗运营的终极真谛。从裂变式营销角度来看，"有时治愈"对应的是"低频需求"，"常常帮助"对应的是"中频需求"，"总是安慰"对应的是"高频需求"。"高频带高频""产品即服务"，这不正是医疗运营追求的最高境界吗？

2.4 案例：金眼科与冷专科

为什么说"病种产品化"是消费医疗运营破局的核心？金眼科与冷专科这两种境遇截然不同的现实案例，或可回答这个问题。

2.4.1 金眼科：缘何成最火 IPO 专科

随着消费升级时代的到来，消费医疗领域的上市公司逐渐增多。如果从横向进行比较，眼科无疑成了资本市场里最火的专科，不仅上市公司数量最多，股市表现也最为耀眼，堪称名副其实的"金眼科"。

截至 2022 年 4 月，在眼科连锁集团上市公司中，A 股和港股各有 3 家，中国台湾有 1 家，已通过深交所上市委员会审议的还有 1 家。此外，A 股市场还有多家由跨界控股连锁眼科集团进行全面转型或多元化发展形成的上市公司，以及多家谋求眼科产业链拓展布局或投资线下眼科连锁诊所的眼科器械上市公司。

这是偶然还是必然呢？眼科缘何会成为资本市场最火的赛道呢？不少人给出的答案是眼科市场大且又是刚需。这个答案似乎没有什么问题，人的一生确实或多或少都要与眼科打交道。排除一些特异或罕见眼病外，人在年幼时可能会有近视、弱视、斜视的问题，长大了可能有近视、散光、干眼乃至眼疲劳和眼整形等问题，年老后则可能有白内障、老花和眼底病变等。这些都属于刚性需求。叠加人口老龄化、电子产品普及化以及庞大人口基数等诸多因素，眼科市场确实足够大。于是对资本而言，这是一个充满无限想象空间的巨大投资风口。

然而，对于正处于医疗健康需求急剧爆发的超级人口大国而言，有几个专科市场不大？又有几个不是刚需呢？所以，无论是从市场容量、刚需程度，都还不足以回答"眼科缘何成为最火专科"这个问题。进一步讲，究竟该如何选择专科和病种？消费医疗领域的创业者和投资人要想成功，除了要靠自我奋斗之外，在选择主攻方向和投资赛道时，是否也要考虑历史的进程？

这些问题还应从"病种产品化"的角度来回答。

"病种产品化"的三大要素——筛选、定价和入口，看似是分开的，本质上其实是一体的，而且越往后越重要。病种入口问题若解决不了，说明病种筛选和病种定价都存在问题。

绝大多数医疗创业者，尤其是医生创始人，往往会从发病率、刚需性、支付方等维度来筛选病种，并给产品和服务定价。这几个维度确实很重要，但本质上都是一个维度，即市场容量究竟有多大。在中国，面对14亿的庞大人口基数，就连罕见病的市场容量都足够开好几家连锁医疗机构了。我们能想到的几乎所有专科和专病，其市场蛋糕都已经够大，至少理论上大家都够吃。我们真正需要反复思考的问题主要有两个：

> ①病种入口能否解决？这决定了我们能吃到多少蛋糕。
>
> ②病种入口能解决的话，营销成本是否够低、效率是否足够高？这决定了我们能否高效地、低成本地吃到这些蛋糕。

从"病种产品化"角度看，眼科能成 IPO[①] 最火专科，除了市场够大、刚需程度较高之外，更重要的是眼科不仅能高效地解决病种入口问题，而且已形成了可复制的病种入口模式。例如，白内障有筛查利器，还能筛出胬肉、眼底病和青光眼等专科和病种；屈光矫正先有搜索竞价和渠道转诊，后有团购点评和短视频营销。

我们还可以进一步深入思考，为什么眼科医院大规模筛查选的是白内障病种，而不是眼底病或其他病种？这也并非偶然。

> ① 60岁以上的老人群体中白内障发病率高。人只要活得够长久，大多都会患白内障，有手术指征的量也很大。市场不仅足够大还足够集中，因为老人主要聚集在社区和乡镇。
>
> ②白内障手术尤其是超乳手术方案，几乎不见血也基

---

① Initial Public Offerings，公开募股。

> 本不痛，效果还立竿见影，口碑传播很快。即便不传播，每个人有两只眼，都有可能要做两次手术。
>
> ③白内障初筛设备和技术相对简单，即便从未学过医，集中培训一两周，也能掌握裂隙灯操作的技能，速度快的话甚至一天就能学会。
>
> ④老人大多怕花钱、怕给子女添麻烦。而白内障不仅有医保基金报销，还有残联防盲基金、慈善助老基金和扶贫基金支持，部分医院还提供"车接车送"的免费服务。

可以说，从投资的角度来讲，白内障这个病种堪称完美，不仅能解决病种入口问题，而且入口营销效率还很高。2018年，国家医疗保障局正式成立后，白内障筛查模式收敛了不少，这也再次验证了创业和投资决策还要"考虑历史的进程"。不过，它也有"下沉市场"的替代方案，在筛查形式上，如果打游击不行就逐步扎营定点突破。

新形势下，白内障病种还可以考虑"营销客服化"和患者 KOL 营销。在我国主要城市和地区，近十多年大规模的准"地毯式"白内障筛查，不仅已初步完成了覆盖面较广的市场教育，而且更积累了基数不小的白内障复明的成功案例，这些都是"营销客服化"的沃土。即便白内障入口营销效率下降了，眼科还有"视光"这一超级大金矿可挖掘。否则，哪儿来的"有眼光，投视光"一说呢？

因此，高效解决病种入口问题是运营团队最重要的价值所在，也是所有医疗机构能否获得成功的核心要素之一，更是眼科能成为资本市场上最火专科的根源之一。

2.4.2 冷专科：耳鼻喉、胃肠和腋臭

现实中，相比"金眼科"，耳鼻喉、胃肠和腋臭都属于冷门专科和病种。与"金眼科"截然不同的是，这些"冷专科"既不大受资本待见，也不是创业的热门方向。

（1）耳鼻喉科

耳鼻喉科是曾长期和眼科合并同类项的专科。在传统的"大五官科"中，在眼科和口腔科领域，资本争先进场，能叫得上名字的连锁品牌至少有数十个。反观耳鼻喉科却少有连锁机构，单体机构也不多，能算得上连锁的仅有三家，而且仅有一家获得了基金投资。导致这个问题的原因主要有以下几点，如图 2-6 所示。

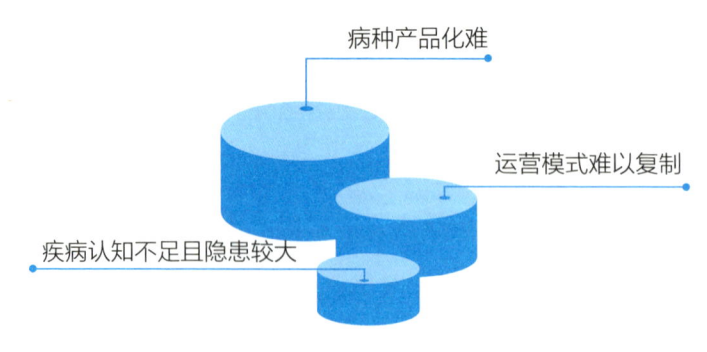

图 2-6 耳鼻喉科不受资本待见的原因

①病种产品化难

耳鼻喉科在定价上并不存在太大的问题，鼻炎、鼻息肉、鼻中隔、鼾症、耳鸣、耳聋、眩晕等都可以根据不同的治疗方案而制定不同的价格策略。咽喉类的诸多常见疾病如咽喉炎、喉源性咳嗽、咽白喉、扁桃体炎等因不具备专科显著特异性，基本被内科、中医科、儿科分流殆尽了。耳鼻喉科最大的问题在病种入口上，仅依靠地推入口形成客源比较困难，社区义诊、普查、讲座和转诊开展的成效均不大，大多只能依赖广告和口碑传播。广告多以网络为主，整体性价比不高，口碑传播又太慢，难以形成专科品牌气候。

②运营模式难以复制

耳鼻喉专科的运营模式尚未形成可复制的成熟模式，往往是单体或少数几个医院能够获得成功，却无法快速地进行连锁复制。这里面有耳鼻喉科病种产品化难的因素，也与医院所在区域专科市场竞争的激烈程度和当地疾病发病率紧密相关。

如果当地公立医院的耳鼻喉科实力较强、品牌效应根深蒂固，而民营耳鼻喉科医院又没有成熟的差异化竞争手段，那么就很难像眼科那样对公立医院形成有效冲击。耳鼻喉科既不像眼科那样，可以开展社区普查、免费或优惠手术、免费接送等活动，还有征兵、高考和公务员考试体检等特定渠道宣传和转诊，更有助残、助老、防盲、扶贫等公益慈善项目的加持；又不像口腔科那样，可以注重就医体验、讲究方便快捷和医生个体户开诊所。耳鼻喉科可以说是两边都挨不上，处于尴尬的境地，从而导致运营模式很难进行复制。

③疾病认知不足且隐患较大

人们对耳鼻喉方面疾病的认知程度和重视程度有限，如鼻炎、鼻息肉、鼾症等，很多人并不把这些疾病当回事。即便当回事，比如耳鸣、耳聋和眩晕，但由于疗效大多缓慢甚至有的部分无法根治，见效不如眼科和口腔疾病治疗那样立竿见影，也难以得到患者信任和有效的口碑传播。更重要的是，耳鼻喉科的诸多疾病尤其是鼻部术后并发症（如空鼻症）和耳鸣、眩晕并发症容易导致严重的精神心理困扰，给患者带来了巨大的身心伤害甚至会产生报复医务人员的极端行为。

市场上也有一些眼耳鼻喉科医院或五官科医院，大多有特定原因。以前，临床专业类别都把眼科和耳鼻喉科合二为一，眼科和耳鼻喉科的医师执业证还大多写着"眼耳鼻喉专业"。公立专科医院也大多叫"眼耳鼻喉科医院"或"五官科医院"。新兴的民营眼耳鼻喉科医院，也多有

> 历史原因，其中不少是被眼科连锁集团并购的，也有为了规避当地卫生设置规划限制而无奈妥协的。现有的眼耳鼻喉科医院多以零散分布为主，不成体系，少有连锁业态。

（2）胃肠和腋臭

对照"病种产品化"三要素，胃肠专科和腋臭病种在病种筛选和病种定价上都没有大问题，其难点还是病种入口问题。

胃肠市场大吗？大，非常大。每个成人几乎都有或曾经有过轻重不一的胃肠疾病。胃肠疾病的痛点有吗？有，还很痛。患者做胃肠镜的过程很痛苦、体验不佳；借助麻醉做胃肠镜虽然无痛，但公立医院大多要等好多天、排很长的队，对民营机构又不大放心，怕消毒不到位，怕技术不过关，怕麻醉出意外；做胶囊内镜既不痛苦还不用麻醉，但是该检查有盲区，可能会漏检。

为什么胃肠有市场和痛点，却是冷专科呢？

胃炎、肠炎是多发常见病，和鼻炎一样很容易被患者忽视且时好时坏。当患者难受想看病时约不到医生、挂不上号，当患者好不容易挂上号症状又减轻了，似乎没有去医院的必要。此外，胃肠专科入口与耳鼻喉科类似，靠地推没有实现路径，义诊、普查、讲座和转诊等效果都不太好；打广告的性价比不高，口碑传播又太慢。若是胃肠道动力性障碍、顽固性肠炎乃至胃癌肠癌等大病重病，其治疗效果和耳鼻喉科的耳鸣、耳聋和眩晕也很类似，疗效多数很缓慢甚至没办法根治。

腋臭的入口问题原本能够解决，尤其是在搜索竞价一统流量天下的时代，腋臭病种曾经短暂红火过一阵子，只是后来大多没有什么大动静了。即便还有零星做腋臭治疗项目的，大多也不是主业。即便极个别医疗机构把治疗腋臭当作主业的，也多是小打小闹。这又是为何呢？虽然腋臭患者的总量并不少，但分布太过分散，口碑传播效应也弱。若没有像搜索竞价这种中心化长尾流量入口做支撑，腋臭业务很难做大做强。但众所周知，搜索竞价早已日落西山，流量入口比以往更分散了，很难高效率地获取有价值的精准流量入口。团购点评等第三方平台推广以及短视频和直播等新兴的营销方式也不太适合腋臭病种，综上因素导致了它成为一个冷门专科。

第 3 章

要素破局：找人、找钱和选址

消费医疗不只是医疗，它不仅需要以医生为主要代表的广大医务工作者，还需要运营、管理、资本、技术和政策等要素的助力和协同。但所有的要素和参与者，都不应该去影响甚至破坏医生临床诊疗的独立决策，这也是本书所有观点的前提。本章分别从找人、找钱和选址等三个核心要素角度出发，探讨消费医疗的破局之道，即找到认知同频的人，找到长期主义的钱，站在战略高度来选址。

3.1 找人：认知致胜

人既是一切问题的根源，也是解决一切问题的核心。人始终是占据所有行业变革首位的核心要素。只有医生团队和运营团队这两个核心要素得到充分认可和发挥作用，消费医疗"消费向左、医疗向右"的迷途和困局才能真正地实现破旧立新。

消费医疗的底色仍是医疗，因此我们才更加强调"回归医疗"。让医生主导临床乃至拥有医疗机构决策权，不仅有利于减少医疗乱象、提升医疗品质、确保医疗安全，从长远来看，更有利于充分发挥这个典型高知群体的技术创新能力，从而有利于促进我国医疗卫生关键技术早日在自主创新上更进一步。

作为消费医疗核心要素的医生团队和运营团队，不能只是拿工资和奖金的打工者，而应该是有决策权的实质合伙人。未来，医生和职业经理人合伙是消费医疗的发展趋势之一，也是社会办医领域里难得的一股新生力量。

认知是指人们对客观世界的认识和感知。因成长环境、受教育程度、性格等不同因素，人们的认知层次和水平也多有差异。消费医疗要想取得成功,找到认知同频的人尤为关键,尤其是要找到合适的合伙人。

如何衡量合伙人的认知是否同频呢?在"人"的认知上主要应思考 3 个问题。

如何界定合伙关系?

怎样才算靠谱的合伙人?

招人用人的原则有哪些?

3.1.1 合伙人关系

以往,大多数医生和职业经理人都只是打工者。职业经理人除了是医疗机构的运营管理负责人,还充当着股东代言人的角色,行使着相应职能。而在合伙人时代,职业经理人和医生将不再是管理和被管理的关系,更多的是合伙或合作关系。

(1)合伙关系必须遵循的原则

医生和职业经理人合伙,究竟应当建立和形成怎样的关系才算靠谱呢?是否类似于"夫妻"关系?医生和职业经理人不是也不该建立和形成类似于"夫妻"的关系,而应该在商业规则基础上建立合伙关系。

> ①规则第一,摒弃规矩
>
> 无论是创业还是合伙,都有通行的基本规则。规则不是规矩,规则不会因人而异,更不会朝令夕改。规则一

旦确定下来，所有人都必须遵守；而规矩大多由强势一方制定，往往因人而异、随意性强，制定规矩的人常常单方面要求别人遵守。医生和职业经理人要建立良好的合伙关系，就必须将规则放在首位，摒弃规矩。

②信任互补，尊重专业

医生和职业经理人合伙创业的前提是相互信任。这种信任可以由时间积累而来，也可以通过第三方的评价来获得，尤其是双方共同的第三方的评价，对双方建立信任尤为重要。

在信任的基础上，双方才能进一步洽谈合作关系，看彼此是否能互补、哪些地方可以互补。例如，医生懂临床，职业经理人懂运营；医生拥有行政部门人脉，职业经理人有市场运营资源。医生和职业经理人之间只有彼此互补，合伙才更加有价值。

在信任、互补的基础上，医生和职业经理人还需要互相尊重。尊重彼此的专业，不能逾越和跨界，更不能用自己的一知半解去质疑对方的专业能力。

现实中，合伙人之间"相爱相杀"的典型案例有不少。医生和职业经理人要想避免"相爱相杀"很简单，只要不"相爱"就不会"相杀"。所谓的"不相爱"，是指医生和职业经理人要学会避免在合伙过程中掺杂过多的私人情感。那些把合伙关系当成夫妻关系来经营的合伙人,最终十有八九会相爱相杀;反而那些将彼此关系理性定位为合伙关系的合伙人,大多能善始善终。即便合伙人因各种缘由而不得不分道扬镳,也能做到"再见亦是朋友",今后还可能择机再合伙,至少不会反目成仇乃至"老死不相往来"。

合伙人之间"不相爱"的衡量标准之一就是,合伙前不仅要谈好合伙规则,更要谈好散伙规则。既然是合伙创业,医生和职业经理人就都要明白,合伙是为了赚钱谋发展,而不是海誓山盟的谈情说爱。

(2)选择合伙人要做到"三不找"

对绝大多数消费医疗而言,如何选择靠谱的合伙人呢?在合伙人选择上至少要做到"三不找",如图3-1所示。

- 不找认知不契合的人合伙
- 不找有情感纠葛和灰色利益关联的人合伙
- 不找世界500强企业或知名外资企业高管合伙

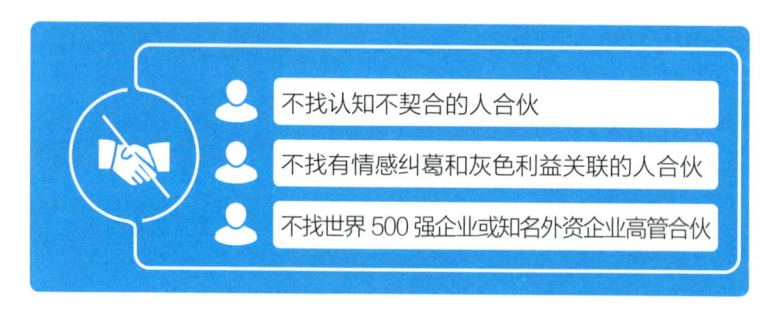

图3-1 合伙人"三不找"

① 不找认知不契合的人合伙

认知能反映出一个人的人品和格局。合伙人的人品主要体现在重利但不唯利是图,讲规则,守底线这些方面。如果不认可对方的人品,即便对方能力再强、项目赢利前景再好,也不要合伙。否则,不是一拍两散成仇人,就是"面和心不和"地持续内耗。

合伙人的格局则决定了各方能否持续合伙下去以及合伙事业能做多大。例如,甲想融资拓展连锁,乙则安于现状;甲想引进新合伙人,乙则宁愿高薪聘请人才……诸如此类的问题一旦发生,无论是对合伙关系还是对事业发展,都是严重障碍。

②不找有情感纠葛和灰色利益关联的人合伙

无论候选合伙人之间的情感纠葛是正当的还是不正当的,都不要与其合伙,这是红线。即便是夫妻,也尽量不要合伙创业。所谓的"夫妻同心,其利断金"大多仅适用于创业的早期阶段,后期企业做大了,夫妻合伙不仅不能"同心断金",还可能会损害企业利益。

同样,不要与有灰色利益关联的人合伙。例如,常见的有与长期深度合作的医药代表、器械供应商进行合伙,这种合伙关系可能会导致后续不可预知的隐患,也容易让人们浮想联翩,毕竟瓜田李下,很难撇清干系。

③不找世界500强企业或知名外资企业高管合伙

世界500强企业或知名外资企业高管大多是被平台成

> 就的职场精英,他们能力强,讲究"高大上",很难真正做到"放下身段",更无法深刻理解我国医疗服务行业的复杂性和多变性。如此一来,创业失败是可预见的。

消费医疗的主流业态是"小而美"的门诊部和诊所,大多不是大平台,所以要找的是贴近市场一线、能真正躬身入局的实干型合伙人。

(3) 已经和不合适的人合伙了,要规避风险

假如我们已经跟对方合伙了,或者由于各种原因不得不合伙,我们也要尽可能地将其股权比例控制在10%以下(拥有10%及以上股权的股东有权召开临时股东大会,可能会带来一些不必要的麻烦),坚决不能到34%(拥有34%及以上股权的股东对大股东决策有一票否决权)。如果在股权比例上实在无法协商让步,我们务必要守住控制权,将其决策投票权让渡给我们。

还要特别提醒的是,不要与不能做出持续性贡献的人合伙。例如,不与只负责批牌照、找房子、搞装修等一次性工作的人合伙;不与行政公职人员尤其是在职人员合伙,这不仅违规,而且在财务问题上往往会产生比较大的分歧。对于资金需求量不大的消费医疗项目,最好不与只出钱不出力的人合伙,更不能同钱同股同权入伙。

3.1.2 医生合伙人

医生合伙人对消费医疗至关重要。医生只有成为拥有决策参与权的合伙人,才能真正做到主导临床。此外,在临床实用技术、医疗器械改良和生物医药研发等方面,集医学理论和临床实践于一身的医疗专家们有着得天独厚的创新优势和极其丰富的病案积累,而这些对于消费医疗的可持续发展都有着重要的促进作用。

那怎样才算得上是靠谱的医生合伙人呢?如图 3-2 所示。

图 3-2 医生合伙人的靠谱特质

（1）有一技之长却不唯技术至上

能有足够底气创业的医生大多有一技之长。但从总量上看,有底气的医生依然稀缺。这就难免会有浑水摸鱼、滥竽充数之人。我们不能说这些人不是医生,他们也是毕业于正规医学院校的临床医学专业,不仅有执业医师证,不少人还有主治医师乃至高级职称。然而,他们之所以有主任医师等职称,很可能只是因为他们是医院的行政领导且在职时间达标而已，与其临床水平和看病技能可能并无多大关系。他们可能早已脱离临床一线多年，属于"有证但不看病"的"假的真医生"。他们要么转行进入生物医药或医疗器械公司，要么当了医疗投资人，要么虽还留在医疗机构但不再从事临床工作而是负责运营管理。这些人自然不能成为以技术见长的医生合伙人，但不代表他们不能成为运营合伙人。那些有临床医学教育背景或曾经有过一线从医经历，而后又转到销售、投资、运营、管理岗位的人，恰恰是较为理想的运营合伙人。

"假的真医生"，并不难鉴别。最大的问题在于，有些医生确有一技之长，也想从事消费医疗，但多数仍然不是靠谱的医生合伙人。他们往往过分强调技术却忽视了营销、运营和服务的重要性。过分强调技术的医生合伙人往往存在以下问题：

> ①过分自信和自我。医生对自己诊治疑难杂症的能力过于自信，自认为是该专科领域的全能型人才。在其专长介绍中，往往强调高精尖技术而不愿宣传市场和客户广泛需求的常规技术，或者要求宣传面面俱到而不肯只突出其中一二。
>
> ②看病挑选患者。医生对患者要么根据价格来挑选，要么根据疑难程度来挑选，不屑于诊治常见病和多发病。
>
> ③忙于在各种场合走秀露面，不愿踏踏实实地出诊看病。

④只肯出力不肯出钱，要求单纯拿技术干股。

⑤表面认同运营、服务和营销的必要性和重要性，但内心却认为服务和营销比较低级，甚至看不起从事非临床业务的人。

（2）有商业逻辑且持续修正

医生经过长期的专业学习和职业训练后，其思维往往能自成体系。合伙人彼此的思维和观点可以不同，但至少他们的底层逻辑尤其是商业逻辑要同频。否则，在合伙的过程中就会很容易产生根本性分歧，甚至最终不得不散伙。

医生容易犯的商业逻辑错误或认知偏差主要有以下几点：

①固执地坚持"酒香不怕巷子深"这种陈旧的理念。

②倾向于采购高级设备，不考虑设备的实用性以及如何把购买设备的钱赚回来。

③确定主打病种时，仅从自己的角度出发而不从客户和市场需求的角度出发进行筛选。

④融资估值是根据自己需要多少钱、愿意出让多少比例股权来测算估值的，却不计算项目能创造多少价值。

⑤不知融资的最佳时机并非在缺钱时，而是在自身发展顺利和市场资金充裕时。

⑥看不到、看不清未来的商业趋势，习惯性地凭过去的经验判断未来。

合伙人有同频商业逻辑还不够，还要时刻保持谦卑并持续修正。在未修正之前，若合伙人之间有不同意见，要能做到充分尊重和认可彼此的专业。在运营问题上，医生要尊重运营合伙人的意见，而在临床问题上，运营合伙人则要尊重医生的意见。

（3）有赚钱意愿但不只认钱

赚钱是光荣的，尤其是对消费医疗创业者而言，都应该勇敢地表达"我要赚钱"的意愿。医生作为受过大学教育的高知群体，在长期处于被"白衣天使"光环笼罩的职业环境下，习惯不轻言赚钱，更不敢公开声称要赚钱。其实，赚钱本身并不可耻，可耻的是违法违规地赚钱和胡乱花钱。既然医生选择从事消费医疗，赚钱就是理所当然的事情。但医生也不能只认钱，一旦医生只认钱或过分地看重钱，作为其合伙人就该警惕。他们如果能为钱而背离医生原本该有的职业操守，那么他们就有可能会为钱而背弃合伙人。

（4）肯出钱入伙不白拿干股

一般而言，如果医生合伙人不是挂个名头就能吸引大量的投资和客源的超级人才，那么他想要合伙就必须出钱。无论出多少钱，只有真金白银地拿出钱来才有合伙创业的诚意，才能称得上是可信任的、合格的合伙人。

医生作为医疗机构的核心骨干可以同钱不同股。医生可以拿部分技术入干股，再出一部分钱。有些知名度比较高、粉丝体量比较大的医生甚至可以让运营合伙人或资本合伙人先行垫付投资款。这个垫款可以从医生在合伙机构的薪资中分期扣除，也可以待项目赢利后从分红中扣除。但无论是医生拿技术入干股还是由股东垫支投资款，都只是医生合伙股权的部分而不是全部，医生还需要出钱买剩下的部分股权。

3.1.3 运营合伙人

消费医疗缺靠谱的医生合伙人，更缺靠谱的运营合伙人。如何才算得上是靠谱的运营合伙人呢？如图3-3所示。

运营合伙人的靠谱特质
- 有商业逻辑却不唯商业
- 赚过大钱但有底线思维
- 尊重医生但不会盲目膜拜
- 有运营能力，能跨界升维

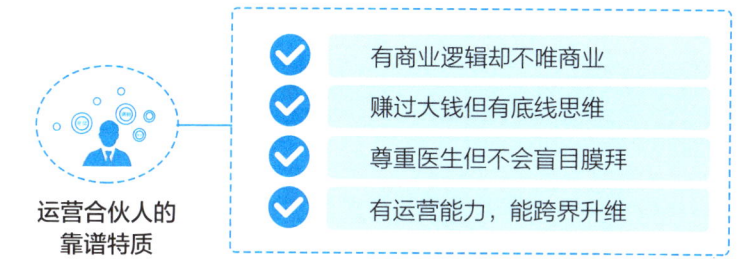

图3-3 运营合伙人的靠谱特质

（1）有商业逻辑却不唯商业

运营合伙人最基础的要求之一就是要有商业逻辑。运营合伙人有商业逻辑的主要表现有以下几点：

> ①敬畏和遵循商业规则，而不是信奉和服从权威、规矩。

> ②有成熟的成本思维。运营合伙人只知道设备仪器成本、装修改造成本、房租人力成本等筹备成本还远远不够，还要对运营成本、沉没成本和机会成本了然于心。
> ③有风险防控意识和能力。
> ④认同商业和公益可相容、并行不悖。
> ⑤能认清形势，预判趋势和未来发展方向，不会走老路、弯路乃至误入歧途。

所有医疗都不可唯商业论，消费医疗也不例外。运营合伙人可以不会看病、开刀，可以不是临床医学专业出身，但要学习和了解细分领域的疾病知识和临床路径，懂得分辨哪些符合循证医学和科学原理，哪些是伪科学。运营合伙人和医生合伙人之间只有相互了解，才有共同的沟通基础，从而形成有效互补。

（2）赚过大钱但有底线思维

为什么要强调运营合伙人赚过大钱？这样既能确保运营合伙人有钱入伙创业，还能降低其"见小利而忘大义"的概率。

赚过大钱的人往往具备3个方面的共性：

> ①更自信、更有底气，也更容易得到其他合伙人和员工的信任。
> ②必然有其赚大钱的特质和承担风险的能力。这世上没有谁能随随便便获得成功，也没有谁能轻轻松松地赚到钱。

> ③他们深知赚钱不容易，会更加珍惜创业机会和伙伴。

怎样才算赚过大钱呢？

赚过大钱并没有一个明确的衡量标准。对于普通人而言，一线城市年收入过100万元、二线城市年收入过80万元、三四线城市年收入过50万元就可以算赚过大钱。年收入是指包括年薪在内的所有收入，且至少有两年达到这个标准才算作数。毕竟在这个时代，想两次以上靠运气赚大钱的机会还是极少的。

运营合伙人只是赚过大钱还不够，还必须能守得住底线。合伙人可以凭借人脉、能力甚至运气赚钱，但不能凭没有底线赚钱。无论做什么专科或项目，合伙人之间都不能相互欺骗，消费医疗更是如此。

（3）尊重医生但不会盲目膜拜

医生承担着治病救人的天然职责，这个职业需要很多的知识储备、持续学习和辛勤付出，但他们并不是因为这些才获得了尊重。要把医生当作社会分工中的一种，发自内心地尊重这份职业。换句话说，不能因为医生救死扶伤的天职而附上道德枷锁，刻意抬高他们的职业。往往被追捧得越高的职业，其生存环境反而会越差，这也是数十年来医生职业群体的执业安全感、自由度和成就感迟迟不见明显改善的原因之一。

无论医生的能力有多强，无论医生治好了多少病人乃至挽救了多少生命，运营合伙人都要理性地尊重医生，尊重彼此的职业和专业。这是一种平等的尊重，而不是盲目膜拜，切不可把运营合伙人变成知名医生的助理或佣人。

（4）有运营能力，能跨界升维

运营合伙人，顾名思义，要具备运营能力，其中最为基础的是"病种产品化"能力。在第二章中我们曾提到过，消费医疗领域被划分得越来越细，"小而美"是大势所趋。"大专科、小综合"早已落伍，"专科连锁"也日趋红海，"专病突破"才是未来。

运营合伙人仅仅懂得病种产品化逻辑还不够，还要有运营成功的案例。成功案例可以是职场中的成功案例，也可以是创业的成功案例，甚至医疗行业以外的成功案例都可以。运营合伙人不是找不到工作才去创业的，别人创业成功后宣扬当初如何不得志、如何不招人待见，大多只是为了凑情节讲故事。选择创业且能取得成功的人，往往都是那些在职场上成功过或根本不缺打工机会的人。

有成功案例的创业者，并不代表其做什么都能成功，甚至还可能会因为唯经验论而失败。如果创业者沉浸在过去的成功经验中，认知无法更新升级、与时俱进，这些经验反而会成为他们成功路上的绊脚石。"前些年靠运气赚的钱，这几年凭本事亏光了"，这句流行的网络段子正是创业者因守旧而失败的真实写照。因此，运营合伙人是否具备持续学习的能力显得很重要，特别是具备跨界升维的能力尤为重要。

运营合伙人可以不是临床专业出身，可以不会看病、不会开刀，但要"会定价、抓入口"，还要"会算账、懂人性、管质量、控安全"。

3.1.4 招人、用人的原则

消费医疗不仅合伙人不好找，招人、用人也不易。在招人、用人上，消费医疗要重点把握3个基本原则，如图3-4所示。

图3-4 招人、用人的原则

（1）招实用之人，不招装点门面之人

能出来创业的医生，大多有技术、有追求、有知名度，可谓"谈笑有鸿儒，往来无白丁"。有些医生说，自己一旦选择创业，自己以前的领导、同事，还有自己的导师、导师的导师乃至院士等可能都会来帮忙。然而，创业并不是讲究面子的事情。

喜欢装点门面的人，听到的大多也是些场面话。我们应当将重点放在招聘那些能做事的人，如医生助理、护士导医、药房检验、行政人事、财务后勤、市场营销等。消费医疗招人，实用务必放在第一位。

（2）少用全职，多用兼职

人才确实最"贵"，除了要为他们支付工资、奖金，还要提供五险一金等各种福利待遇。一线城市的医疗机构往往还需要包吃包住，加上必不可少的办公用品（电脑、桌椅、房租等分摊折旧），全职员工人均用工总成本至少一万元。

在用人时，创业者要对岗位进行反复梳理，明确哪些岗位是必需的，哪些岗位是非必需的，哪些岗位是需要每天都在岗的，哪些岗位只是临时性的。例如，门诊部必须要配备基础的全职医护人员，但部分高阶医疗岗位则可选择兼职人员；中高层岗位助理或副手也不是初创企业必须设置的岗位；设计 VI（Visual Identity，视觉识别系统）、做推广、建网站、平面设计、程序美工等岗位均可考虑外包。

（3）能一人多岗，绝不一岗多人

因人设岗，人浮于事，是不少公立医院的通病。很多医生从公立医院出来创业，往往会对此习以为常，甚至将这种通病误会成组织架构的必备要求。做消费医疗，不仅不能因人设岗，还要一人多岗。

例如，在创业起步阶段，在满足部分岗位必须分开设立的前提下（如会计不得兼任出纳），药剂师可兼库管后勤，会计可兼行政人事，护士可兼导医、客服、临时收费乃至医生助理、市场人员等。与之相应的，兼职工作量要在员工薪资上有额外体现，宁可让一人拿多人的奖金，也不要多人拿低工资。

创业一定不要有"自立为王、君临天下"的腐朽思想，而应该多花些时间想想如何招人、用人，如何让人才价值实现最大化，如何让自己的创业之路走得更加顺畅。

3.1.5 公立医院院长能当好职业经理人吗？

传统的医院运营管理模式一直是"重管理轻运营"，不少医院还将运营统一纳入管理中。在医疗服务供给短缺和经济落后的年代，医院不缺病源，患者不求服务体验，能挂上号、看上病、有药吃、有床住他们就知足了。在这种时代背景下，只要把人管好、把药备齐、把床位周转起来，控制好医疗质量和安全底线，就算是好的医院管理者。

新时代下，医疗服务供给的问题不再只是单纯的总量短缺，而是结构性短缺。医院越来越多，提供的医疗服务越来越多样化，人们也越来越有钱，有钱后不仅更加珍惜生命、关注健康，还更加注重就医体验和舒适度。这就意味着，办医院不能再"轻运营"。运营和管理是两个既紧密相关又截然不同的概念，二者的侧重点、落脚点和追求目标都不同，运营主外，管理主内，运营强调的是效益，管理强调的是效率。但运营又不是孤立的，需要与管理协同进行，需要做到里应外合。

近年来，越来越多的资本开始扎堆投资医院，他们面临的主要问题是"医院由谁来管理？谁有能力管好医院？"

资本尤其是医疗健康产业基金的投后管理团队的负责人，大多是曾经的公立医院院长，他们大多拥有副主任医师以上职称，有些还带着教授、博士生导师的头衔，还有些兼任过当地卫生部门或学术机构的领导职务。然而，无论他们来自哪个系统的公立医院、担任过多高的行政职务、是否正常离任，都很难成为优秀的职业经理人。这并不是说公立医院院长没有能力，恰恰相反，绝大多数公立医院院长的能力很强，他们只是不适合做职业经理人而已。

（1）公立医院院长原本就不是职业经理人

这不是院长的个人问题，而是公立医院机制的问题。公立医院院长原本就不是职业经理人，他们要么是临床专家，要么是政工干部，而院长的管理逻辑和职业经理人的管理逻辑截然不同。

公立医院院长现行的选拔和任命制度造成了这种岗位与专业的不对口。无论公立医院的床位再多、品牌再好、学科建设再完备、收入再高，至少在目前都还不是医院职业经理人成长的好土壤。

（2）公立医院院长大多不具备职业经理人能力

这既是机制问题，也是个人问题。合格的医院职业经理人最基本也是最核心的一个考核标准是，此人是否具备病种产品化的能力。这不仅是医院运营管理的基础和核心，更关乎一个医院的生存和发展。

大多数公立医院院长很少关心病种的"筛选、定价和入口"三要素，对病种的筛选大多仍停留在"大专科、小综合"的粗浅认知上，认为定价依赖统一的价格体系就足够了，更不重视病种入口问题。不少公立医院院长对病种入口问题的典型认知是，病种入口问题就是病人怎么来？当然是病人自己来！难不成还得去拉病人来？

合格的职业经理人要主抓病种入口。从早期的广告（报纸、广播、电视等）到现在流行的地推（普查、义诊、讲座、转诊）和私域（自媒体、粉丝群），每一个病种入口都需要注重实战积累和细节把控。这些不是口头说出来的，而是实践做出来的。若没有弄清楚这背后的逻辑，不仅无法深刻体会到决定成败的核心关键细节，还可能会照猫画虎，更加无法与时俱进。显然，公立医院院长大多不懂这些入口的核心节点，更不懂如何整合渠道形成倍增效应和相互转化流量。

在病种入口问题上，大多数公立医院院长仍停留在"看不见、看不起、看不懂、跟不上"这4种状态。有些公立医院院长甚至还会在这4种状态下再增加两种状态——"做不来、不让做"。

不少资本可能会认为，他们的投后管理团队只会管理大医院，小医院管不来。大医院往往意味着班子大、基础好、条件齐，班子成员可互补，定价和入口多半有人管或根本不用愁。最关键的是，大医院无论是组织架构、管理风格，还是运转模式、运营效率，乃至人事组织等诸多方面，随着时间的推移，大多会无限接近于公立医院。

无论医院规模大小、等级高低，真正全程主导过医院"从0到1、从亏到盈、从弱到强、从1到N"修炼过程的职业经理人，理应成为资本投后管理核心团队的标配。资本若招不到优秀的医院职业经理人，还可以选择和优秀的职业经理人团队进行合作，如采用医院托管或股权合作等合作模式。

3.2 找钱：长期主义

在找钱问题上，很多人存在认识误区。做消费医疗，要找长期的钱。

3.2.1 谈钱伤感情？

提到钱，不少人可能会有"谈钱伤感情""谈钱庸俗""不要整天只惦记钱"等诸多认识误区和矛盾心理。相比较而言，中国人在谈钱问题上普遍保守，大多数人不愿意或不好意思主动谈钱。

医生大多更不愿意谈钱或更不好意思承认想要赚钱，包括那些已经创业或准备创业的医生。不少医生可能会说自己创业不是为了钱而是为了情怀或自由，或者说自己不缺钱或钱够用就好，等等。但是，追求财富自由不也算是一种情怀吗？如何才算不缺钱呢？钱多少算够呢？

为什么医生大多不愿意谈钱呢？

> ① 医生大多属于高知群体
>
> 有知识、有文化的人，大多有"谈钱犯忌"的职业病。即便这种"病症"随着时代的进步减轻了，但病根还在。然而谈钱并不等于拜金，这是两个层面的问题。
>
> ② 医疗是个被道德重度绑架的行业
>
> 人要有道德，这是为人的根本。但任何人和任何行业都不应该也不能被道德过度地绑架。然而在医疗领域，治病救人的"白衣天使"似乎天生就不该谈钱。

> ③大多数医生没有学会如何"谈钱",仍存有"先出招就输了"的隐秘心理
>
> 业界流传一句话,"谈钱有风险,开口需谨慎"。其实谈钱也要讲究时机、技巧、方法。

谈钱与道德不是一对反义词,更不是"非此即彼"的关系。有正确认知的人,完全能做到"鱼和熊掌兼得"。作为现代经济学的开山鼻祖,亚当·斯密不仅写了教国家和人民如何赚钱致富的《国富论》,还写了《道德情操论》,而且《道德情操论》写得还要更早、理论框架也更完整。

谈钱并不伤感情,医生更应当理直气壮地谈钱,这种坦诚反而更容易打动投资人或合伙人。那么,医生应该如何谈钱呢?

(1)该谈钱时要谈钱,该谈感情时要谈感情

究竟什么时候该谈钱,什么时候又该谈感情呢?这个问题很简单,在没有感情基础时一定要先谈钱。即便有了感情基础,在非感情领域也要谈钱。谈感情要纯粹,谈钱更要纯粹。凡是故意将二者混为一谈的人,大概率属于"非奸即坏"。

(2)谈钱要讲究方法

谈钱的方法其实很简单,就是直截了当、不藏着掖着、不装腔作势,更重要的是,要根据行业规则来谈钱。

市场经济下,凡是涉及金钱方面的问题,几乎都有行业

规则。如果不懂规则，就要主动向专业人士请教或学习。医生能力再强，也做不到全知全能。

例如，医生合伙人的年薪可按照当地行情适当打折，尤其是拿了技术股的医生，其年薪通常更要打折；运营合伙人也一样，不要故作大方地表示不要薪资，尤其是全职的运营合伙人，更应当按照行业规则拿到相应的报酬。薪资或绩效可以打折，但绝不能太低甚至不要薪资。

合伙人的薪资过低或过高容易给合伙事业埋下隐患，如果遇到一开始就觉得自己吃亏却隐忍不谈或者谈也谈不好的人，那就要果断地放弃合伙。

医生既然创业了，只要合情合理合法，就不要不谈钱，更不要不好意思谈钱。谈钱，就摆在明面上谈。做消费医疗，赚钱不丢人，不会赚钱才丢人，赚了钱不会花钱或胡乱花钱更丢人！如何赚钱，取决于人的认知水平和能力；如何花钱，则体现了人的认知层次和品格。

3.2.2 找长期的钱

长期的钱主要来自两个渠道：一是内部的钱，即合伙人自己的钱；二是外部的钱，即投资机构和其他投资人的钱。如图3-5所示。

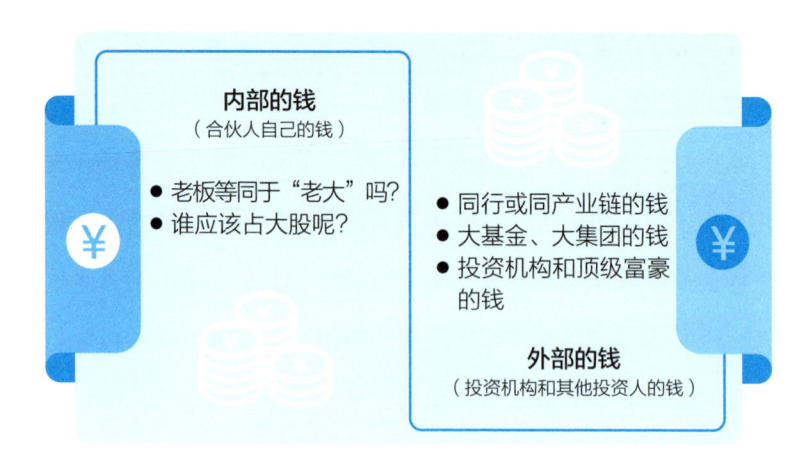

```
┌─────────────────────────────────────────────┐
│           内部的钱                           │
│        （合伙人自己的钱）                     │
│                                             │
│  ● 老板等同于"老大"吗？  ● 同行或同产业链的钱 │
│  ● 谁应该占大股呢？      ● 大基金、大集团的钱 │
│                          ● 投资机构和顶级富豪 │
│                            的钱              │
│                          外部的钱             │
│                       （投资机构和其他投资人的钱）│
└─────────────────────────────────────────────┘
```

图 3-5　找钱的两个渠道

（1）内部如何定夺股权结构？

合伙人内部的钱，重点要解决两个认知问题：老板等同于"老大"吗？谁应该占大股呢？

> ①老板等同于"老大"吗？
>
> 在医生和职业经理人群体中，最容易犯的思维错误是认为"老板等同于'老大'"，他们认为只有当"老大"才算创业当老板。"老大"的确是老板，但老板未必都是"老大"。在同一个机构中，"老大"有且只能有一个，但老板却可以有很多个。大多数人并不适合当"老大"，但并不代表他们不适合当老板。
>
> "老大"究竟有什么样的特质呢？钱多？能力强？经验丰富？有人可能会说，当"老大"必须有战略眼光、人

格魅力、格局胸怀等。这也是对的，但是这些都只是当"老大"必备的基础能力。"老大"最主要的特质是敢于承担且能够承担风险、责任和义务。

"老大"特质＝风险承担胆量＋风险承担能力

当"老大"仅有承担风险的胆量，却没有承担风险的能力不行；仅有承担风险的能力，却没有承担风险的胆量也不行。曾有某医院职业经理人在年前说要创业，但要等到年底把年终奖拿了再开始。这种心态就不太适合创业，至少不适合当"老大"。"老大"一定是最敢承担且最能承担风险的极少数人，并非人人都适合当"老大"。

有些公立三甲医院的知名专家表示愿意和职业经理人合伙创业，但只能接受兼职，钱也不想出，就想凭资历、能力和行业资源当"老大"！这种毫无风险承担意识的所谓合伙人，势必不能当"老大"。理由只有一条，其"老大"的特质不够纯正！

创业者往往只把目光聚焦在台上那些成功典范，却看不到台下更多的失败案例。创业当"老大"，首先是承担最大的风险和义务，而不是享受最大收益和权利。

在消费升级时代，选择在消费医疗领域创业当老板可谓恰逢其时，但大家不要都抢着去当"老大"。跟着快速扩张又有雄厚实力的集团共同发展也是创业，也能当老板；

跟随有"老大"特质的创始人一起创业，做一个联合创始人或项目合伙人，也是当老板的可行途径，而且这条路径适合更多有创业想法的人，毕竟"老大"只有且只能有一个。

②谁应该占大股呢？

谁应该占大股呢？合伙人之间的股权如何分配才合理呢？

无论是关系多么好的朋友，或是多么靠谱的合伙人，合伙之前都要先谈好股权结构。合理的股权结构的前提是不搞平均主义。很多创业者碍于人情或面子而不好意思谈股权结构，这么做的结果反而会伤害人情和面子。

股权结构不合理导致股东反目成仇的现实案例不胜枚举。所以合伙人在设计股权结构时务必要挑个大股东出来。公司的日常运营管理要有主心骨，而不能"谁说了都算"或"谁说了都不算"。

医生和职业经理人在股权结构问题上经常会搞不清状况，核心问题在于"究竟谁该占大股"。股权结构问题也是有规则可循的，具体可从以下5个维度考量。如图3-6所示。

①看专科特性

临床医学极其繁杂，学科之间差异极大，专科各具特性。不是所有的专科都适合创业。有些专科方向，大医院和小诊所都能干，如中医、口腔、医美、皮肤科等；而有些特

看专科特性

看未来规划

看个人特质

看业态选择

看市场竞争

图3-6 股权结构的决策维度

定专科，仅适合大医院干，如心脏外科、神经外科、重症监护、血液科和肿瘤科等。如果选择的专科或方向是医生个体户就能干的，那么医生在股权上相对就更有话语权。

②看业态选择

医疗机构有大有小，如果医生创业的目标是只想开一家小诊所，那医生完全可以只招聘一两个护士就开始创业，不一定非要有合伙人或职业经理人，这样就不涉及股权结构问题。如果医生选择创办稍有规模的门诊部或医院，那就不能单打独斗，而应当选择合伙人，确定合理的股权结构。

③看未来规划

如果只想开办一家或顶多两三家医疗机构，那么创业者无论是医生还是职业经理人，只要足够自信且资金比较宽裕，就完全可控股甚至百分百控股。创业者如果想做连锁机构，还想尽可能快速扩张，那就必须要有合伙人尤其是职业经理人团队。在扩张过程中，大多还需引入财务投资人、战略投资人。

④看市场竞争

市场竞争越激烈，越需要靠谱的职业经理人和运营管理团队。在消费医疗领域，口腔、医美、眼科、妇产等专科的竞争已非常激烈，就连儿童口腔、屈光、视光、植发、轻医美等细分专科方向，在一二线城市中的竞争也已经比较激烈。这种情况下，仅靠医生是很难跑赢市场和对手的，仅靠职业经理人也很难持续地跑赢下去。只有医生和职业经理人通力合作，再加上资本助力，才有可能在竞争中胜出。

⑤看个人特质

不是每个人都适合当"老大"，有的医生风险偏好低，只肯兼职创业，"一脚留守体制保安全，一脚跨出试水探深浅"，而职业经理人却大多为全职。在这种情况下，医生就不能占大股，除非是正值壮年的院士、学科主任委员。而有些医生虽也是全职创业，但不愿承担大的投资风险，也可主动降低股权比例，少出点钱。

股权结构即便确定下来也不是一成不变的，还可根据创业阶段、发展变化以及特定缘由做相应调整，即要有股权变化和退出机制。例如，合伙人先兼职后全职或全职又变兼职

（以医生最为常见），股权该如何增减？如何引进新合伙人？股权如何稀释？合伙人理念不一致或能力达不到，抑或发生家庭变故（比如最为常见的创始人离婚），出现各种意外（如丧失劳动能力、死亡、违法违纪等），要如何退出？退了股就一定不能分红吗？如果可以分，能分多久？在不同时期退出（譬如合伙2年、4年、6年后退出），怎么退才合理合情又合法？这些问题不仅要越早谈越好，而且不能只是停留在口头上，要白纸黑字一条一条写进合伙协议里。

无论最终股权比例如何协商和变化，一定要有控股股东，绝对不能搞平均化而埋下随时会爆的"雷"，更不能碍于情面或协商不成就索性图省事平分股权。最好连相对平均都不要，股权比例适当拉开距离会更好。通常，初创机构股东人数原则上不超过5个，创始股东以不超过3个为佳。

在合伙人股权结构问题上，著名的天使投资人徐小平曾说："不要用兄弟情谊去追求共同利益，要用共同利益去追求兄弟情谊。"商业社会，千万不要用利益去试探或挑战人性，除非你想当一个"敢于直面惨淡的人生"的真的猛士。

（2）外部如何才能融到钱？

消费医疗融资不能玩"造概念、抢风口、赚快钱"这种击鼓传花式的资本游戏，否则，就不是在投资而是在投机，更可能会"玩火自焚"。

无论融资是出于何种目的，只要不是将全部股权转让出去，都应该优先找长期的钱。对于医疗投资而言，多长时间算长期呢？我们可以参考医疗机构的物业租约周期，一般至少是5年，最好是8~10年。究竟哪些钱最有可能是长期的呢？

> ①同行或同产业链的钱
>
> 在合纵连横的资本时代，面对广阔且增长迅速的巨量市场需求，同行不再是冤家而是战友，是可以抱团取暖、携手共进的亲密伙伴。例如，视光连锁机构的投资方是眼科连锁集团或OK镜（角膜塑形镜）上市公司；医美连锁机构的投资方是跨界或转型医美的上市公司，抑或就是玻尿酸产品生产商；口腔连锁机构的投资方是口腔上市公司，或正畸厂商，或DSO[①]服务商，等等。
>
> ②大基金、大集团的钱
>
> 长期主义谁都会说，但真正有底气说自己是长期主义资本的其实并不多。基金大多是有期限的，中小型基金好不容易募集了几千万元或几亿元，即便对方拍着胸脯说耗得起，我们也不能轻信，因为有LP[②]追着他，普通合伙人说了也不算。

---

① DSO, Dental Service Organizations，牙科服务组织。
② LP, Limited Partnership，有限合伙人。

> 与基金不同的是，大集团可能是挖矿的、做地产的、开商场的乃至卖保险的、玩互联网的。他们赚过大钱也见过世面，投资医疗尤其是投资"小而美"的消费医疗，还是有底气的。

一般而言，机构中拥有稳定主业的钱要比单纯做投资的钱更长期，投资机构的钱要比个人的钱更长期，顶级富豪的钱要比普通高净值人士的钱更长期。

那么如何找到这些钱呢？除了通过自有人脉网络进行对接外，还可以找懂消费医疗的专业FA[①]。FA不一定是专职的投行顾问，医疗行业与其他行业不同，兼职的专家型融资顾问可能比所谓的专职FA更专业。FA的作用不仅仅体现在缩小投融资双方的信息不对称上，还体现在客观分析标的价值、抹平投融资双方估值差距和促进股权成功交易上。

根据医疗项目FA的费用行情来看，一般按照实际融资额的3%～5%来收取，例如以5000万元为分界线，融资额在5000万元以下，FA费用的提取比例就相对较高；融资额在5000万元以上，FA费用的提取比例就相对较低。对于少数热门或稀缺医疗标的投资，FA也会从投资方收取费用，一般按照实际投资额的1%～3%不等比例提取。当然，投融资实务

---

① FA，Financial Agent，融资顾问。

中也有"一事一议"乃至"类对赌融资"。但绝大多数FA都是融资成功才收费，不成功不收费。

如果是同行或同产业链的钱，尤其是上市公司，投资方基本都在明处，只是他们大多要控股，即便部分可先参股最终还是要控股。既然是同行或同在一条产业链上，融资方和投资方很可能相互认识乃至熟悉，往往不存在基础信息差。有信息差的往往集中在"究竟找谁更合适？""谁更能匹配融资方的需求？"这两个问题上。FA的作用不只是做个简单的对接，而是通过专业分析和筛选，找到更匹配融资方需求的投资方，从而提高投融资的效率和成功率。从这个角度理解，FA类似相亲市场上的媒人，即便双方都熟悉也要有个中间人好说话。

如果要找跨界转型的钱，就更需要FA了。即便跨界转型的是上市公司，也可能存在基础信息差，因为我们不知道对方主投哪些方向或想往哪个方向转型。例如，有的上市公司虽然投资过医美项目，但现在也开始关注眼科、口腔、心理、康复和辅助生殖等项目。这还不算FA的核心价值，懂行又懂人性的资深FA甚至还有可能会引导乃至左右资本的投资方向。

消费医疗融资并不是一件简单的事情，尤其是在创业早期，如处在规划期、选址期、筹备期或只拿到医疗机构设置许可证的项目，一般很难融到资。

3.2.3 医生为什么融不到资？

消费医疗创业者尤其是医生创业者往往融不到资，这是为什么呢？主要原因如图 3-7 所示。

- 没人愿意为医生的情怀买单
- 医生创业者不懂商业模式
- 医生创业者不愿意出钱

图 3-7 医生创业者融不到资的主要原因

（1）没人愿意为医生的情怀买单

医生创业多少会带有些情怀。做人该有情怀，医疗从业者更应该有情怀，但医生创业不能仅凭情怀，融资更不能仅凭情怀。

例如，"我是有一技之长的临床专家，想实现自己的情怀和抱负，做一家我心目中的理想医院"。凡是融资时大谈特谈情怀的，一般都很难融资成功。在创业融资问题上，投资人最害怕的事情就是创业者仅靠情怀就开始创业。融资是一种极其理性的商业行为，绝不能单凭感性和情怀去思考问题。融资就该谈商业模式，思考如何让项目活下去，如何让它跑得更稳更快，这才是融资的核心和关键。

当然，也不是说一定没有投资方愿意为创业者的情怀买单。例如，医生创业者的级别够高、资历够深、名气够大，又或者找到了纯做慈善的投资机构，才有可能实现靠情怀融到资。但是，这种情况出现的概率极低。因此，医生为情怀创业，也不是不可以，但请自己买单。

(2) 医生创业者不懂商业模式

有的医生认为，自己所从事的专业的市场需求和前景巨大，自己又做过公立医院的科主任、副院长，还在民营医院做过院长，拥有过硬的技术，甚至在某些方面还具备领先地位和独特优势，在当地有病源、有人脉，想通过融资和志同道合的医务人员共同建立一家上万平方米的专科医院。

这种想法只能算是一种商业思路，远称不上商业模式，而且还只是一个经不起推敲的初步设想。多数医生没有思考过投资回报率和回报周期的问题——要有多少病源才能填满自己设计的床位规模，病源又从哪来、怎么来，志同道合的人中有几个能全身心地跟自己一起做事而不是临时帮忙或捧场助威，等等。医生有技能、有人脉、有经验，或可支撑一家小诊所或门诊部，但远远无法支撑一家上万平方米的大医院。

对于投资人而言，决定投资的理由无非是3个——团队靠谱、商业模式可行、投资人刚好有钱而创业者又正好需要。

(3) 医生创业者不愿意出钱

不少医生融资创业的想法是"找我一起创业可以，但是我不出钱"。21世纪，人才确实最贵，但是这并不意味着医生可以不出钱就进行创业，除非该医生是院士、国医大师、国家级专业学会主任委员等金字塔尖端人才。更何况，即便是塔尖人才，投资方在决定是否投资时也要看该人才的年龄、团队和学科专业。

很多医生可能会说："我出人、出关系、出精力，甚至舍弃了事业编制的铁饭碗和学术兼职、社会地位，抛弃一切来创业，你就出点钱还不行吗？"我们不妨换个角度来思考下，如果对方出钱给我们创业，如果创业成功则双方都可以获利，这当然是理想结果。但是一旦我们创业失败，对方投资的钱就全打了水漂。更何况，创业不出钱，也无法体现创业者的诚意和信心。

如果投资方只出钱，我们既出钱又出力，我们完全可以要求投资人同钱不同股，通过赋予资金股和人力股不同的权重来计算各自的股权比例，即出钱出力的溢价入股，只出钱的打折入股。当然也可以自己出一点，再要求对方送一点（如技术股、管理股），但不能一点钱都不出。医生出钱入股，哪怕就只有几十万元甚至几万元，至少也是一种风险共担的表示。

消费医疗尤其是医生创业融资，建议先找业内人士帮忙，好好梳理商业模式。切记要"少谈情怀，多备些钱"。

3.2.4 项目为什么融不到资？

医疗健康领域投资大火，既是产业结构升级和市场的需要，也是当前资本相对安全的避风港。于是各类靠谱的、不靠谱的项目都想搭上医疗健康的顺风车。但是国内资金面越来越紧，各类 PE[①]、VC[②] 风声鹤唳，上市公司的日子也不好过，医疗健康产业并购基金募资也难了。如果项目还能融到钱，就要尽早融资，提前准备过冬。

在医疗服务的投资冷静期，"融资特困户"非常多。融不到资的项目主要有以下几种，如图 3-8 所示。

"融资特困户"
- 固定资产占比过高的医院项目
- 玩风口概念的医疗项目
- "空手套"医疗项目
- "宏大叙事" PPT 融资
- 规划不切实际的医疗项目
- 片面追求高估值的医疗项目

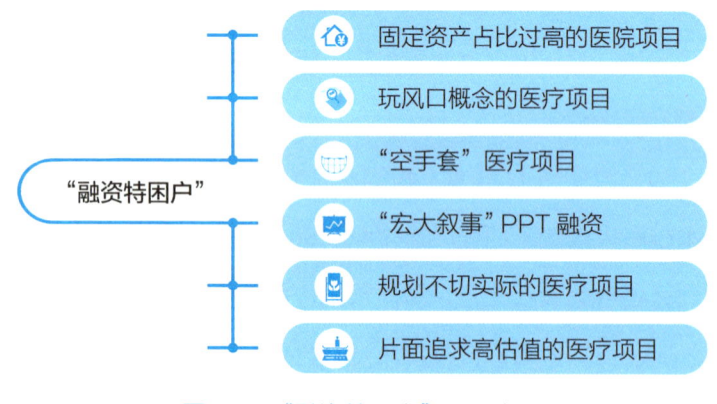

图 3-8 "融资特困户"项目类型

---

① PE, Private Equity，私募股权。
② VC, Venture Capital，风险投资。

①固定资产占比过高的医院项目

例如，有些妇产医院整体估值十几亿元，大部分是房产价值；也有些大型医院项目，房产和土地价值远超医院价值，要想出售或融资也是难上加难；还有些医院，本身具有投资价值，但其使用的房产和占用的土地由于历史原因存在重大风险，也很难进行融资或转让。

②玩风口概念的医疗项目

市场上有很多房地产烂尾楼或新商业中心的闲置楼盘，不少人千方百计地将其包装成医养结合项目或大型康复护理医院以寻求融资。这种玩风口概念的医疗项目几乎融不到资。烂尾楼或闲置楼盘做医养项目或康复护理医院的前提是要有靠谱的医生和运营团队，而不是仅有一份医院合作协议或一张医疗机构设置许可证。

③"空手套"医疗项目

有外行拿下当地知名房地产商开发的大型社区配套医院运作权，但其实土地产权仍在开发商手里。所谓的"医"，只有一张早已停业多年的专科医院闲置牌照，无医疗运营团队，更无现成的大楼。这种项目即便具有区位优势，即便已入住的十多万社区人口也确实缺医少药，但想靠"空手套"来融到资，不是神话，就是笑话。

④"宏大叙事"PPT融资

有些单体小医院才运营了不到两年，业务收入也没有多少，养活自己都困难，融资PPT（PowerPoint，演示文稿）却弄得像医疗健康产业帝国一般，描述的市场需求和发展空间竟不是针对主业而是立足整个医疗健康产业。然而，医疗健康产业无论估算出多少万亿元的价值，都跟具体的单个融资项目没有直接关系。一个尚未成熟的小医院想通过融资并购来实现宏图伟业，这几乎是天方夜谭。

⑤规划不切实际的医疗项目

有些专科医院生逢其时，目标区域的选择也很精准——不跟头部集团争抢一二线城市，定位在三四线或者县域相对空白的市场，但规划过于理想化也很难融资。现有医疗机构才开业没多久，就想靠融资快速攻城略地、抢占市场，动辄以每年三五家甚至更多的速度扩张，这显然不现实。复制扩张的前提是其商业模式已然成熟，至少相对成型且已验证可行。

⑥片面追求高估值的医疗项目

有些连锁专科医院所在区域的市场较好，该专科又属于资本热门投资领域，且还是区域内专科的龙头企业，原本具有融资主动权。然而，创始人却有不切实际的估值要求，高估值报价却不愿进行对赌，即便对赌也只肯对赌一

> 年。考虑到该专科严重依赖医保和医保总体收紧的趋势，项目融资成功率也会很低。还有边远地区或经济落后区域的热门专科连锁医院，虽有利润却硬要对标一二线核心城市专科医院的 P/E（市盈率）估值。

"融资特困户"项目如此之多，除了项目本身存在诸多致命缺陷外，更为核心的问题还出在创始人身上。一般来说，如果创始人存在以下 4 个问题，如图 3-9 所示，往往就会导致项目"融资难"。

图 3-9 "融资难"项目创始人的主观问题

（1）被 MBA 理论误导

不少医疗创始人或合伙人，读了各种 MBA（工商管理硕士）或 EMBA（高级管理人员工商管理硕士）或研修班。象牙塔里的那些擅长宏大理论框架却没有实战经验的导师们，往往会对同样是高知群体的医疗创业者产生一些误导。

（2）被"风口论"忽悠

在创业圈和投资圈，"风口论"曾经风靡一时，尤其是在互联网时代，每隔一段时间甚至每隔几个月，风口就会轮换一次。然而，医疗创业不是互联网创业，尤其是对于创办医疗实体机构来说，切不可盲目追求风口。

（3）被投融资路演迷惑

医疗创业和医疗投资热潮催生了各种投资峰会和融资路演。创业者看着别人的BP（商业计划书）都非常高端、大气，内心顿时就波澜壮阔、豪情万丈，以为自己也立马就能改变世界，迎来人生巅峰。

（4）被错误认知驱使

这种错误认知集中体现在只考虑自己要什么、要多少，而不考虑投资方要什么，自身能值多少钱。不为对方考虑，不替投资人着想，结果得到的答复大多是"你这个项目很不错，我们回去讨论讨论"。

靠讲故事来融资，以前或许有过，但那也只是在以前。在"难募资""易掉坑"的资本环境下，投资人变得越来越理性，投资风格也变得越来越谨慎。对于创业者和创业项目而言，融资成功大概率都是锦上添花，而不是雪中送炭。

无论是做实体医疗还是AI医疗或互联网医疗，在为项目寻求融资的过程中，创业者都不能幻想着以"做大平台、搞大生态"来推高项目的投资估值，而应当把重心放在打磨服务和产品上。医疗创业要的是先活下去而不是吹嘘下去，创业融资有梦想当然好，但梦想真不是"梦里想想"。

3.2.5 医疗服务融资问答

医疗服务融资往往存在诸多问题，现将共性问题汇总如下，供大家参考。

(1) 关于估值

> Q（问题）：融资方对估值大多会存在一些误解和不切实际的幻想，通常是这样的逻辑——"我要1000万元""我愿意最多出让10%的股权"，二者相除，得出投后估值1亿元，完美！
>
> A（答案）：估值如果都像这样算，那么所有投资方都会敬而远之。

估值，首先，有对标优先参考对标估值（只是参考不是照搬）；其次，有利润首选市盈率，有收入首选市销率，既没利润又没收入则首选资产投入评估（包括重置成本评估等）；最后，也是最重要的，估值要找业内资深人士运用多个投资模型和财务指标来进行综合评估。

(2)关于时机

> Q：绝大多数创业者对什么时候该融资这一点都搞反了，他们认为只有在缺钱的时候才需要融资，结果往往都是等到快要断粮了才着急要融资。
>
> A：融资时机首选形势一片大好时。

形势大好，既包括整体融资环境宽松、火爆，也包括企业自身运营表现优异。好企业不仅融资成功率高，估值也好谈。道理谁都懂，问题主要出在创始人预见性太差，没有前瞻认知和居安思危意识。

(3)关于P/E

> Q：P/E我懂，不就是利润越高，P/E越高嘛？
>
> A：这说明你还是不懂，P/E的核心思维是未来和增长空间。

在不同区域、不同市场中，即使同一个专科、同一个合规利润规模，其P/E也不同。例如，华东和华南地区一二线城市的眼科医院P/E通常就比西北边远和三四线城市的要高。

利润高，P/E也未必就高。在一些区域，利润做得越高，P/E可能就越低。例如，在一个人口不到百万的县城里独家做眼科医院，营业收入三四千万元，合规利润达一千多万元，其P/E就不会高，原因在于该医院业绩已处于或接近市场天花板，未来持续增长的空间不大。

（4）关于BP

> Q：BP该怎么写？究竟什么样的BP算好？
>
> A：BP要由创始团队或者创始人来写，要做到一目了然、商业逻辑清晰。

BP一定要由创始核心团队写，最好是由创始人亲自写，而不是让秘书或助理代劳，秘书或助理最多可以帮创始人美化PPT。

好的BP首先要让投资人一目了然，基本要求是让投资人一眼就能对项目进行归类，确定是否是其想投资的领域。其次，商业逻辑要清晰，要符合通行认知，例如，项目能否做大？能否赚钱？最后，核心内容是要说清楚这个项目由谁来做，团队是否靠谱。

（5）融资VS运营

> Q：项目缺钱或预计将来可能缺钱，那么对于创始人而言，究竟是融资重要还是运营重要呢？
>
> A：在医疗健康投资的热潮下，很多创始人都"重融资、轻运营"，频繁出席各种投融资路演活动，认识和接触各种层次的投资人，将主要时间和精力都花在找钱上。如果这不是存心挖坑骗投资人来投资，就是本末倒置、轻重不分。对于医疗实体创业者而言，融资从来都只是加分项，运营才是基础分和核心能力。

能融到资确实是创始人一个重要能力的体现，但这并不是最核心的能力，运营能力才是创始人必备的核心能力。倘若创始人的运营能力不足，即便这次可以侥幸融到资，也只是苟延残喘，一旦钱用完了就还要继续融资。

理性的投资人已经开始重视自身团队的技术和运营基因了。达晨财智的总裁肖冰曾在第13届中国投资年会上介绍，"现在达晨在招聘时基本不招学金融和财务的人，基本上都是招有技术背景、产业背景甚至原来就是做研发的人，把这些人引入我们的投资团队。"

具体到医疗实体投资层面，投资人也在进化，他们更关注专科和病种消费性、医疗质量把控、运营管理能力和获客能力、财务收支平衡模型等。这也就意味着，以前投资人大多更关注一年能开几家机构，而现在更关注的则是开的每一家机构多久能赢利。

不少消费医疗项目，商业模式、框架布局、专家团队、项目基础都不错，唯独欠缺靠谱的运营团队。在这种情况下，创始人就得沉下心来，好好打磨出运营模板，尽快提高收入和利润。创业的希望不能全部寄托在融资上，更不能全部寄托在天上掉下个COO（首席运营官）上，创业成功要靠自己。

或许有的创始人会说"等我融资成功，有了钱还怕招不到一个靠谱的COO吗？"你如何知道在没有靠谱COO的情况下自己能融到钱呢？即便融到了钱，你怎么能确定在自己不深谱运营的情况下就能招到靠谱的 COO 呢？创始人要尽可能降低风险和不确定性。这种核心职能只有创始人能承担，投资方和管理团队都没法替代。

对于消费医疗实体运营来说，创始人只有扎进去了才能真懂，创始人懂了不一定要自己一肩挑地包揽全部，但起码能分辨 COO 是否靠谱，在必要时还能作为最佳替补上场。作为创始人，尤其是消费医疗的创始人，业务和产品才是创始人最该花费时间和精力去深入打磨的。病种产品化才是消费医疗创始人最基础、最核心的必备能力。

如何识别创始人是否真正在打磨核心业务和主打产品呢？就看创始人是不是经常在各地大大小小的医疗健康论坛和投融资路演中出没。做消费医疗，既不是靠办会来赚钱，又没在全国连锁布局，根本没必要整天做空中飞人四处跑。

对于医疗创业和融资，"广积粮、高筑墙、缓称王"才是当前和未来很长一段时间里的光明大道。只有活着，才有未来和估值。

3.3 选址：战略高度

选址早已成为关乎社会办医尤其是消费医疗成败的关键要素之一。但选址的重要性还远未被医疗创业者、运营者和投资人充分认识和全面考量。

3.3.1 选址即战略

选址是战略、是定位、是营销策略，甚至直接决定了消费医疗实体机构的生死。

选址，相对牌照、资质等关键要素，其重要性越来越凸显。除了辅助生殖和器官移植等稀缺性或垄断性证照，牌照资质准入的审批已趋向开放，牌照和资质审批难度都将大幅度降低，其价值自然也就大打折扣。但好物业却一直都很稀缺且越来越稀缺。绝大多数省市对门诊部和医院业态仍有规划限制，区域规划仍是医疗机构选址绕不开的前提条件。即便规划不受限制，选址也会受到市场这只无形之手的限制。

不少医疗创业者、运营者和投资人仍然没有充分地认识到选址的重要性，在选址时因没有全面考量而犯下战略性错误。他们大多习惯从自我角度而不是从客户角度来考虑，只顾眼前不顾未来，只看个别因素而不是综合评估。

未来消费医疗的主要目标客户不再是以前的 X 世代（1965—1979 年），很快也不再是 Y 世代（1980—1994 年）了，而是 Z 世代（1995—2009 年）乃至 ZO 世代（00 后）。刘润在其 2021 年的演讲《进化的力量》中提炼总结了 Z 世代的关键词，他们大多"富足、感性、独立、懒宅"，他们的消费理念是"只要我喜欢，就没有值不值"，除了功能，他们更强调的是"体验"。所以消费医疗的选址要充分考虑 Z 世代年轻人与 X 世代、Y 世代中青年人之间截然不同的偏好和需求。

消费医疗的选址无疑是一个技术活，需重点关注以下几点：

(1) 选址的 3 个层面

选址不只是找个物业、租个房子那么简单，通常可从 3 个层面看：宏观层面是选区域和城市，中观层面是选区位和地段，微观层面是选门脸和内部格局。如图 3-10 所示。

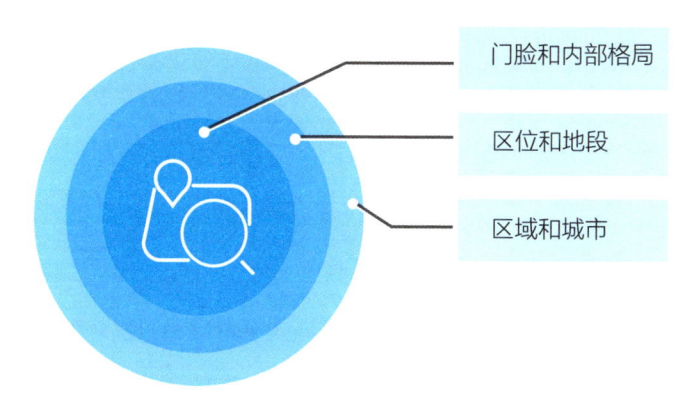

图 3-10　选址的 3 个层面

例如，对于医美项目来说，东北地区、大西北地区就不是最佳选择，如果医美要靠网络竞价和优惠团购来获客，那么它大概率不会在豪华的地标性建筑里进行选址；对于口腔项目来说，未成熟的社区或新建的开发区就不是合适的地方；对于眼视光项目来说，如果选址既不在知名商圈内，也不邻近中小学和成熟社区，还没有一楼的门脸，那么该机构运营起来就会非常吃力。

(2) 考量物业性价比

在考量物业性价比上，很多人要么单纯地嫌贵，要么就是喜欢贪便宜。"贵"和"便宜"是相对的，不是事实而只是观点，这取决于由谁来评估、如何评估。

一般来说，租金高有高的道理。如果我们租的是核心商圈的物业，租金自然会比较高，高在高人气上。如果租的是有一楼门脸的物业，当然要比没有门脸的贵，但贵在门脸大气显眼。物业的"人气"和"大气"价值往往要超过房租差。这还不包括"因选址失误而持续亏损"的时间沉没成本和资金的机会成本。

在同等条件下，自然要选高性价比的物业，这意味着房租成本可能要比同行低，而房租需要持续缴纳且多有递增惯例，所以成本只会越来越高。省房租不只是省成本那么简单，而是赚纯利润；赚纯利润也不只是多赚点钱那么简单，而是成倍数地提高收入和估值。

> 例如，在上海，要创办一家建筑面积1000平方米的医疗美容门诊部，选址在内环中等偏上地段，即便没有一楼门脸的物业，每个月的租金也一般要在20万元以上。然而，有的创业者却能找到月租仅5万元的捡漏型物业，

> 房租成本要比同类区域地段的同行少15万元，这还没有算后续的递增成本。以医美行业较高的20%利润率来进行简易计算，就相当于每个月该机构多做了75万元业绩，如果利润率再薄一点，比如只有10%，就相当于该机构每个月多做了150万元业绩。这还不够深刻！每个月省下来的15万元房租相当于每个月多赚了15万元的纯利润，机构估值按10倍算，也就是多了1800万元！这还是在机构赢利的前提下算的账，如果机构没利润或是新机构，房租低可能就成了该机构能继续"活下去"为数不多的原因之一。

但如果创业者纯粹贪图物业的房租便宜，却没想好做什么、怎么做，那么选址大概率也会掉进坑里。

> 例如，某直辖市的综合医院，房子为工业用房改造，房租确实很低，建筑面积5000多平方米，每年租金仅100万元。但该物业地处该直辖市的边远郊区，在医院筹建过程中，仅申请医疗牌照就耽搁了近一年，时间主要花在土地性质和房子用途的协调上。该医院运营多年仍持续亏损，主因就在于地段不佳、难以快速积累人气从而陷入生存困境。

因此，在选址时考量物业性价比，本质是考量机构的战略定位和创始人的坚守定力。

(3) 考量交通和停车便利

很多医生创业者认为"酒香不怕巷子深"，在他们的认知里，选址并没有想象中那么重要。这种认知显然早已落伍。消费医疗的目标客户尤其是不少年轻客户会认为，医疗疗效和服务品质固然重要，但医疗机构之间的差距并没有预想中那么大，因而在医疗供需信息不对称和客户首次就诊时，他们可能会更倾向于选择交通便利和停车方便的机构。尤其对于需要经常复诊的客户而言，比如眼科视光、注射微整、皮肤美容、口腔正畸、新康复、新中医和新心理等专科的目标客户，可能会将机构的交通情况和停车便利状况纳入其就医决策的重要考量因素之中。

每个人的决策变量往往是不同的，我们认为重要的，客户未必会觉得重要，而那些我们认为不重要的，客户可能认为很重要。例如，做口腔正畸或 OK 镜验配，我们认为专业性很重要，务必得找个大机构、大医生才放心，而一些年轻客户却认为戴个牙套、配个眼镜没必要太讲究，就诊轻松、停车方便才更重要。

(4) 其他考量条件

选址还要考量周边的人流量、趋势以及周边尤其是相邻区域的业态。例如，如果为医美机构进行选址，边上有菜市场就不太合适，但如果是为口腔机构和中医机构选址，人气旺盛的菜市场可能还是加分项；如果是为眼视光机构进行选址，相邻或对面有中小学、儿童乐园、城市公园、知名儿童用品店、校外培训机构等，均可优先考虑。

选址成功是否就意味着创业一定会成功？当然不是。但是，如果选址不成功，那么消费医疗创业者和运营者的诸多努力往往会打水漂！我们都说"选择大于努力"，选址自然也是一种"选择"，还是一种需要更高认知层次的能力。

3.3.2 选址掉坑多

做消费医疗，在选址的过程中难免会掉坑，就连一些资深医疗人士也不例外。常见的选址掉坑情况主要有以下几类，如图 3-11 所示。

- 不从目标客户的角度考虑
- 选址前没有和主管部门充分沟通
- 没有对物业进行全面考量和综合评估
- 决策优柔寡断，因小失大
- 死守原则，错失良机
- 没做好周边租金行情尽职调查
- 租期签得较短，埋下重大隐患
- 碰到二房东，没有做风险防范
- 选址没有预见性，只顾眼前

图 3-11　选址掉坑常见类型

（1）不从目标客户的角度考虑

很多创始人在选址时往往只从自己的角度考虑，要么为了满足个人喜好，要么只考虑自己和团队上班便利，并不会认真、深入地分析目标客户在哪里，更不会从目标客户的角度去考虑选址。

> 例如，对于医美项目来说，区位固然重要，但邻居是谁也很重要；对于儿童眼科来说，选址最好不要选在单身公寓、群租房和应届毕业生聚集地；对于口腔科来说，不能"守株待兔"地等社区成熟或选择低入住率的新社区。

尤其是当创始人还不能很好地解决病种入口的问题时，更应该在目标人群集聚区域范围内进行选址，哪怕租金较高甚至超过了预算也要尽可能地在该区域内进行选址，预算超额部分就权当作广告营销费用了。

（2）选址前没有和主管部门充分沟通

没有与相关主管部门沟通就仓促选址的情况其实很少见，较为常见的是，选址前和主管部门的沟通不充分。

和主管部门沟通不充分主要表现在以下几个方面：

> ① 只和主管领导沟通，不和具体业务负责人沟通。
>
> ② 只沟通表面上的原则要求，不沟通细则要求。
>
> ③ 仅凭外区域或过去的经验选址，不了解所在区域的最新要求。

在部分医疗机构准入实行设置许可和执业许可"二合一"的政策背景下，如果创始人在选址前没有和主管部门充分沟通就交了租金并装修，结果却拿不到执业许可证从而开不了业，损失就会极其惨重。即便通过艰难地斡旋和协调，最后机构只是延迟开业，也依然会造成不小的损失。

（3）没有对物业进行全面考量和综合评估

很多知名连锁医疗集团包括上市公司，在医疗机构选址上都曾吃过大亏，主要是因为他们没有对物业进行全面考量和综合评估。

> 例如，选址时只看区位不看门脸，只看建筑面积不看实用面积，只看面积不看层高和内部结构，只看价格高低不看性价比，只看交通是否方便不看停车是否便利，只看物业及周边现状不看未来规划（是否面临城市改造，如拆迁或修地铁、高架桥和地下通道），等等。

（4）决策优柔寡断、因小失大

条件优越的物业仍是稀缺的，不会只有我们看中。因此，一旦商务条款谈妥了，签订了租赁意向书，我们就要当机立断、快速推进，切忌优柔寡断、因小失大。通常，只要还没有签订正式的租赁协议并交房，一切就都可能存在变数。一旦别人的动作比我们更快，愿意付的租金比我们更高，商务条款比我们更加优越，煮熟的鸭子照样会飞走。更何况医疗机构选址需要沟通的时间更久,沟通环节也比其他行业更复杂。

(5) 死守原则,错失良机

如果遇到高性价比的物业,有些原则是可以灵活地变通甚至打破的。

例如,在没有见到全部租赁资质前能不能交定金?交的是定金还是订金或意向金?是否一定要等主管部门实地考察认可后才能签订租赁协议?遇到这些问题时,我们就需要在风险和损失可控的前提下灵活地调整甚至打破原则。否则,等我们把所有事情都确定下来了,物业可能已经被别人抢先租了,那我们付出的努力就白费了。

(6) 没做好周边租金行情尽职调查

不少创始人找物业时往往只关注租金预算,对周边租金的行情少有关注,更没有做深入的尽职调查。一般来说,房租往往只会升不会降,租金起点高了,后面递增起来就不是小数目。正如前文所言,绝大多数人尚未意识到节省租金的战略意义。

(7) 租期签得较短,埋下重大隐患

有不少门面房、商业楼宇以及国有物业,租期最多3~5年,这个租期在其他行业不是问题。但是,医疗物业的租期最好是10年,一般也要5~8年,这时租期谈判就显得尤为关键。私人产权(含个人和私营企业)的物业租期能谈多长就签多长,国有产权(主要是国企和事业单位)的物业租期也不是

铁板一块，大多也可以谈"5+3"或"3+2"模式。如果租期签短了，创始人好不容易赚到了钱，房东可能就开始坐地起价、狮子大开口，从而埋下隐患。

（8）碰到二房东，没有做风险防范

医疗机构物业租赁，原则上优先和大房东签，这样相对更安全、更便宜也更有保障。但在一二线城市，"二房东现象"尤为普遍。选址时碰到二房东要事先明确，特别是要提防隐形二房东。在做好风险防范的前提下，只要二房东要求的租金符合行情和自己的预算，创始人就可以与二房东签约。有可能的话，也可以和二房东直接谈转租约，一次性支付租约转让费，这种租赁方式也可能会更划算。

（9）选址没有预见性，只顾眼前

创始人选址时往往在面积上只顾当前够用，不顾将来够不够用，原址有没有扩展空间。例如，物业是不是孤零零的独立建筑，或隔壁虽有相连物业，但隔壁租户大概率不会搬走或转租；是否可能会受到隔壁邻居以及周边业态变化的影响；所在商圈的人气是否在走下坡路、越来越冷清等。

消费医疗选址已是战略问题，而不再只是策略问题，更不是"酒香不怕巷子深"的看心情和碰运气。消费医疗能否成功，很大一部分取决于选址是否成功，选址的重要性已上升到仅次于团队的位置。

最后要提醒创始人注意的是,要高度警惕运营无能的人拿选址失败作为挡箭牌和遮羞布。毕竟选址失败只是非常态,而运营无能才是新常态。

3.3.3 门诊部选址原则

诊所和门诊部是消费医疗的主流业态。诊所没有严格的区域规划限制,面积一般要比门诊部小得多,选址也相对容易。门诊部选址则不仅是一项技术活,还是一项体力活。门诊部选址主要有以下几个原则,如图3-12所示。

图3-12 门诊部选址原则

(1)看规划和专科

按照"放管服"(简政放权、放管结合、优化服务)政策,门诊部申办流程可以简化,但是区域规划仍是一个"紧箍咒"。对于绝大多数从业者而言，不要指望去突破这个规划底线，而是应该优先在规划区域内进行选址。

在符合区域规划的前提下，创始人可以根据专科客户属性来选址。

> 例如，如果创业做医美项目，自然首选主商圈或副中心，但如果医美项目获客主要是靠专家个人品牌和医生朋友圈渠道，则应优先选择高端又有隐私性的物业；如果做传统中医项目，可选周边成熟社区尤其是中老年人聚集的老社区，但如果做新中医项目，那么商圈和中青年人聚集的社区就更合适；如果做定位中高端的口腔项目，选址可参照医美项目，但如果做定位平价路线的口腔项目，选址则可参照中医项目；如果做眼视光项目，首选人气旺盛的大型商圈、商业广场或中小学、幼儿园、各种培训学校聚集的中心区域。

（2）看地段和价格

地段选择，一般遵循"金角银边"法则。"金角"是指优先选择道路交叉口或临近位置，"银边"是指没有金角只能退而求其次，选择主干道或双行道路临街楼盘，而不是里弄或支路。同时，要避开城市绿化带和绿化树、公交岗亭等较高的遮挡物，还要尽可能地避开难聚人气的上下坡路段。

在"金角银边"的基础上，还要重点考虑交通便利性，根据专科定位档次和预算约束，选择价位最合适的地段。在价格层面，创始人要多了解周边同类物业的租金，巧妙地打听相邻物业的大致租金情况，切忌只局限于听一两家房产中介报价。如果房东是国有企事业单位，那么在租期可控前提下可优先考虑。

物业类型首选"一拖二"，即"一楼带二楼或小一楼、大二楼"的组合，相比纯一楼，租金会摊低不少。在符合医疗机构设置建筑面积最低要求的前提下，优先选层高更高的。特别是在一线城市，专科门诊部除中医外，建筑面积大多要求在500平方米甚至个别地区还要求在1000平方米以上，综合门诊部则大多要求建筑面积在1000平方米以上，如果层高够高的话（如超过6米），则可做隔层，实用面积大多能增加40%~60%。

（3）看门脸和停车便利程度

医疗机构开门迎客，门脸很重要。门脸最好处于临街或临主建筑入口的位置，特别是对那些需要展示、广而告之、靠大流量的传统中医项目、口腔项目、眼视光项目和综合门诊部而言，一楼和门脸至关重要。

除了门脸外，停车便利程度也变得越来越重要，特别是在大城市，停车便利度可直接影响客户转化率和复诊率。相对来说，院子型独栋建筑更有优势，门脸大气敞亮，院子又方便停车，店招还具有天然的广告位价值——挂上招牌，竖上灯箱，对于人流量大的地段来说，长年累月下来，还能省下一笔不菲的广告费。

此外，还可优先接手相关业态的物业，哪怕支付转让费也值得。例如，做医美项目，物业原先是做生活美容馆或健身会所的话就很对口；做中医项目，物业原先是做茶馆或养生馆的话也最好不过。"对口接盘"式选址一般不会出现太大的偏差，目标客户群也有交集，还可能省下不少装修费用。至于物业转让费，可用未到期的原租约与当前房租行情的房租差来抵消。

对于门诊部而言，懂得怎么选址，只能减少选址决策失误率，并不能提高选址的最终成功率。在这方面，没有什么捷径可走，只能采取传统办法，即渠道要多、跑腿要勤、决策要快。如果觉得这些都太烦琐，那么还有一个相对安全也更简便的选址策略——"和大医院做邻居"。

门诊部选址，选择和大医院做邻居，具备以下几个显著优势：

> ①选址更安全
>
> 大医院基本都在城市的繁华中心地段，不少还是区域内标志性建筑或路段，区位优势显著，而且通过数十年乃至更长时间的历史积淀，人们早已养成就医习惯，交通也

极为便利。门诊部选址若邻近大医院，至少在大方向上不会跑偏太多。

邻近大医院的选址策略尤其适合医美、妇儿、口腔、中医或康复门诊部。如果能与大医院的重点学科做匹配式选址，则优势更加明显。邻近的大医院，应优先选择其老院或总院而不是新院或分院。因为新院或分院大多地处边远郊区，要积累人气仍需要时间，周边配套也要有个成熟过程，社会办医大多耗不起。

②业务有依托

一般而言，门诊部的综合实力无法与大医院相比。门诊部和大医院做邻居，除了可实现部分业务双向转诊，既快速又便捷，医学检验科和医学影像科等辅助科室还可依托大医院成熟的专家团队和齐全的先进设备来开展工作。大医院辅助科室并非每天或全天都毫无空闲，而门诊部也基本不提供急诊急症业务，消费医疗绝大多数业务都可择期，对辅助科室的依赖性并不强，其检查化验业务量也不会太大。

例如，医美、口腔、儿科或康复门诊部，可仅保留最基础、最简单的检查化验项目，不需要配备高价值的仪器和设备，更不需要配备过多的专职人员，依托大医院的辅助科室既可省钱还可省力。此外，有些门诊手术偶尔还可能会涉及术中用血，特别是紧急用血，这一点更要有大医院做依托。

③风险有保障

门诊部无论是综合还是专科，既然是做临床诊疗，总难免会有医疗风险。一旦出现大的医疗风险事件，如麻醉意外、术中大出血、输液过敏、门前急救等情况，门诊部急救处置能力大多又较为薄弱，这时邻近大医院的优势就显得格外重要和关键。能转诊的第一时间转诊，不能转诊的也可第一时间请大医院专家会诊。

医疗安全无小事，风险防范很重要。对于门诊部而言，其更是经不起一次造成严重后果的医疗差错或事故。即使邻近大医院的安全保障机制一直用不上，作为医疗机构的创业者和运营者，至少平时能睡个安稳觉。但话说回来，在医疗安全方面，即便有了大医院做靠山，也不能成为门诊部医疗安全必要机制缺位的理由。

3.3.4 消费医疗选址案例

消费医疗选址要的是人气池，而不是人流量。人气池本质是线下公域。线下公域与线上公域的区别在于，线下是用物业租金买流量，线上是用网络推广买流量。我们以眼视光项目的选址为例，采用真实对话体，对当前普遍存在的选址误区进行总结并提出更为可行的选址策略。

案例素材来自某一线城市资深眼视光门诊创始人（案例中用"A"来称呼）向本书作者（案例中用"林掌柜"来称呼）咨询新诊所的选址问题，仅供消费医疗从业者在选址时参考。

> A（配发实景拍摄视频）：我选的物业租金为2.4万元/月，面积235平方米，对面是主城区有名的商业广场。物业为临街大厦裙楼，主要做社区生意，一楼有宠物诊所、口腔诊所、祛痘门店、快餐店、电动车店、奶茶店、粮油店，二楼、三楼为酒店。
>
> 林掌柜：对面广场有临街商铺吗？
>
> A：广场临街商铺的租金最低400元/平方米，实用面积只有55%左右（商铺大都如此），选一个200平方米的商铺每月租金需要8万多元，实用面积才100多平方米，不划算。我选的这个物业离地铁口只有不到100米。
>
> 林掌柜：地铁口的人流对眼视光诊所而言只是匆匆过客，基本留不住。我投资的第一个眼视光门诊部，合伙人选址就在地铁口附近，而且是地铁出口即到，但最终他还是后悔了。
>
> A：停车很方便，物业后面有3个比较大的停车场。来这边消费的顾客，大部分都习惯坐地铁或自驾车。
>
> 林掌柜：坐地铁或自驾车的人大多会在对面的商业广

场汇聚驻留，眼视光诊所要的是集聚的人气池，而不是分散的人流量。

A：对，但是按目前的租金，哪怕遇到大环境不好的情况也能再扛一下。原来的租金是 2.7 万元 / 月，一直压到现在这个价格，租期 8 年。

林掌柜：不能仅看价格便宜。

A：如果社区这边的顾客要到对面广场，就必须得经过我们这个门店才可以。

林掌柜：眼视光诊所不是快餐店，更不是立等可取的奶茶店。

A：您的看法是这个物业不太合适吗？

林掌柜：是的，我个人认为不是非常理想。对于消费医疗尤其是眼视光项目来说，进商圈仍为首选，而且要进商圈核心，不是商圈对面或周边。当前形势下，核心商圈也有捡漏物业的机会。

A：我们也知道这里不是最理想的，问题是核心商圈的租金过高，我们无法承受。这个门店可以定位为社区店，与我第一次创业时选的物业定位相同。

林掌柜：你要考虑的问题是，对面广场今后很有可能会有人创办眼视光诊所，那样的话是你有优势还是他有优势？

A：您说的有道理。对于我们来说，当然最好是选在

> 广场街铺。但事实上，无论选择哪里，可能开始一两年都需要爬坡，就是考虑到资金实力问题，我们才不选核心商圈而选社区商圈。根据我之前的经验，来光顾的客人的确也都是周边的居民。现在很多房东宁愿物业空着也不愿意降租。
>
> 林掌柜：盯紧，观望。
>
> A：这一年我们都在物色理想的位置，刚开始的想法和您一模一样，后来我们自己琢磨，生存才是第一步，既然一级物业超出了自己的承受范围，那就退而求其次选择二级物业。医疗最终还是要回归到技术，我相信我们的技术是可以弥补物业短板的。
>
> 林掌柜：但现实往往事与愿违。我投资的眼视光连锁，第二个门诊就选在万达广场配套的万达金街里，临街一楼加二楼，200多平方米，房租不到20万元/年。
>
> A：这么便宜吗？
>
> 林掌柜：捡漏！
>
> A：好！

以上对话反映出大多数消费医疗创始人在选址时存在以下几个误区。

> ①有人流没人气。贪流量选错址，错把人流乃至车流当人气。

> ②只考虑自己对租金成本的承受能力，不考虑客户的消费体验。
>
> ③只顾眼前不顾长远，习惯用静态而不是动态视角来看问题，而市场却一直在变。

消费医疗创业，无论是眼视光项目还是医美项目、口腔项目要的都是人气池，而不是人流量，更不是车流量。商圈核心街铺的租金确实比商圈对面或周边要高，但是有以下几个显著优势：

（1）有利于缓解病种入口问题

从病种产品化"筛选、定价和入口"三要素看，消费医疗当前最大的障碍就在入口问题，即获客难、成本高。选对址就是选对了线下公域。选址时可将广告获客成本和客户积累的时间成本进行叠加后，再综合考量物业租金的"性价比"。

（2）有利于提升客户的消费体验

消费医疗的核心特征之一就是注重客户的消费体验。相对商圈对面或周边，核心商圈的消费场景、配套服务和就医便利性等客户消费体验要素都要好得多。好的消费体验，很可能成为未来消费医疗保持核心竞争力的一大利器。

（3）有利于形成机构护城河

从长期来看，二级医院以下的医疗机构牌照审批都有可能放宽准入。如果我们在商圈对面或周边创办诊所，那么竞争对手就很有可能在核心商圈办诊所。尤其是对于眼视光项目和轻医美项目而言，商场内的品牌眼镜店和美容院升级为眼科诊所和医美诊所跟我们竞争是大概率事件。相反，如果我们率先在核心商圈办诊所，就有了排他性护城河。

以前，核心商圈店铺想要空出是很难的，租金也很高。然而，时代在变化，行业在转型，很多线下实体门店都遭遇危机，特别是在教育培训行业大整顿、商业银行营业网点撤并以及餐馆、美容院竞争日趋白热化的背景下，给消费医疗腾出了不少好物业。我们要做的就是盯紧和观望，一旦遇到好的物业，捡漏既要快又要狠。

当然，不是所有商圈都有持续火爆的人气，更不是所有商圈对面或周边物业都不能选，这还要根据专科属性、团队配备（重点看医生和运营团队结构）和物业品质（重点看定位图和平面图）等情况综合考量。例如，相对医美项目和口腔项目而言，眼视光项目在专科属性和客户认知上更偏向消费，其选址对人气池的要求也就更高。

第 4 章

连锁破局:"八爪鱼"模式

> 消费医疗要"单体做小、连锁做大",究竟该如何连锁才能做大呢?同城"八爪鱼"模式,正是消费医疗"小而美"的连锁破局之道。

4.1 连锁：伪命题与真败局

绝大多数全国布局的连锁医疗集团的合并报表都不太好看。正因如此，很多医疗从业者和投资人不得不开始反思，对于医疗服务而言，尤其是消费医疗，究竟能否实现连锁经营？连锁做大是否是个伪命题？

4.1.1 医疗连锁是个伪命题？

做连锁品牌几乎是所有实体创业者的信仰和远大理想。过去，创业者的底层认知大多是"大就是强，连锁做大就是做强"。我们经常可以看到，大多数企业或创业者在宣传时往往都会强调自己的集团有多大，旗下有多少家连锁机构或分公司。

与消费升级相伴随的是，医疗创业和投资的热度也越来越高涨。然而，社会办医呈现出了冰火两重天的反差景象，一边是异常火热，一边又是接连"爆雷"。"爆雷"大多源于医疗机构的运营能力欠缺，即运营能力远远跟不上机构的扩张步伐。

不少社会办医创业者做连锁布局,全然不顾自己的运营团队能力如何,只要手头资金充足就会拼命扩张。然而,"天南海北"式的连锁布局,既无法形成品牌合力,又无法降低运营成本,根本无法实现品牌溢价,更经不起任何风浪打击,其现金流根基岌岌可危,团队军心涣散。更可怕的是,创业者不看时代进程和趋势,妄图通过对标和复制已有的成功个案来实现连锁扩张。

很多人动辄就拿知名眼科上市公司的全国乃至全球布局来反驳医疗连锁扩张的伪命题。这显然是混淆了先后顺序和因果关系,更忽视了特定的时代大背景。眼科上市公司是在成功完成了IPO后才加快了连锁扩张的步伐,作为初创企业和后来者,盲目照搬眼科上市公司的连锁扩张模式,又没有享受到过去十年乃至二十年特定时代给予的巨大红利,这种做法就不只是东施效颦了。

即便眼科上市公司实现了全国连锁布局,也改变不了医疗服务品牌的区域属性,尤其是对于消费医疗而言更是如此。创业者如果要想天南海北地扩张,那就总能找到支撑扩张的诸多理由,但是不想盲目跨区域扩张的理由往往只有一个——运营团队和运营能力跟不上。

还有不少医疗创业者被不懂行的医疗投资人误导,"既然做连锁,不走出去如何验证自己模式可复制?"这个逻辑看似没有问题,但其实也有适用前提,还要看从事的具体行业以及选择的业态业务。做消费医疗,深耕一个区域远比四处盲目扩张更有价值,应首选"由近及远、螺旋发散、单点突破、以点带面"的连锁策略和扩张节奏。

反观康养、护理、血透等项目,为什么也曾受资本追捧?除了人口老龄化和极度刚需这些原因,还有一个隐藏的原因就是,这类项目的成功主要取决于筹建选址、牌照准入(医疗机构执业许可证和医保定点资质)和渠道拓展等的成功。对于光有资金而缺团队尤其是缺靠谱运营团队的资本来讲,投资这类项目相对会更安全和稳健。资本如果投资这类安全型项目也能掉坑,那大多是选错了区域和物业,高估了当地医保的支付能力,根本还轮不到比拼运营能力。现实往往很残酷,一旦选择错了,团队再努力、运营能力再强,大多也于事无补。

作为社会办医主流的消费医疗,运营管理团队不仅要做时点性工作,更要做时期性工作。与安全型项目运营相比,消费医疗的运营差异突出表现在获客上,无论是维护老客、老带新,还是拓展新客,都是运营团队重中之重的日常工作内容。此外,消费医疗运营团队还要持续关注时代潮流和行业趋势,及时更新和迭代产品、服务乃至消费场景。

然而,过去数十年,社会办医历练出来的运营团队,要么粗暴有余而精细不足，要么精细够了但底线没了，要么有了底线却缺乏创新意识，要么有了创新但仍跟不上时代变革的步伐。普遍缺乏靠谱的运营团队，社会办医势必陷入诸多困境。

4.1.2 连锁如何避免掉坑？

2021年11月5日，国内某头部火锅品牌的上市公司在香港联交所发布公告称，该集团已决定在年底前逐步关停300家左右经营未达预期的门店。公告一经发布，瞬间就成了网络热门话题。值得关注的是，该火锅品牌在其官方微博发布的公开信中，将关停门店的主要原因归结于2019年开始的快速扩张策略。在其总结的4条具体表现中，"部分门店选址出现失误"被列为首位。

对于消费医疗从业者来说，该品牌火锅门店选址的失误案例值得大家警醒。虽然餐饮和消费医疗存在本质上的区别，但在选址问题上却有诸多共性之处。选址失误同样也可能让消费医疗连锁陷入困境。

本质上，创业者选择盲目扩张仍是一种投机思维，然而，医疗创业不是投机，而是严肃的长期投资。在创业过程中所有的付出和积累都应该转化成未来能带来收益的资产。

医疗创业只有深耕才可能持久，尤其是在当前的经济形势和市场环境下，深耕一个区域更是避免掉坑的不二法则。如

图 4-1 所示。

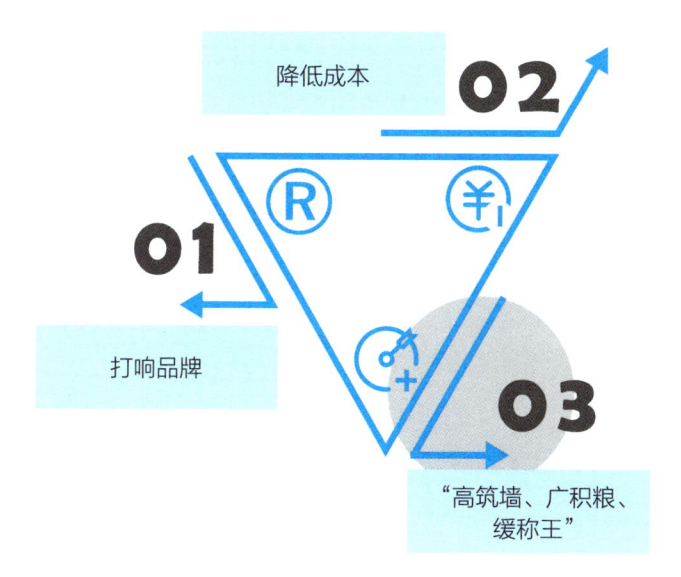

图 4-1　连锁避免掉坑的策略

（1）打响品牌

品牌是面向需求端而不是供给端，品牌要能占领消费者心智。在医疗健康领域，真正称得上全国乃至全球品牌的往往都处在产业链上游而不是处在产业链下游。作为产业链下游的医疗服务，品牌普遍具有区域属性，全国连锁不代表就是全国品牌。对于患者而言，拥有百年历史沉淀的公立三甲医院都只是区域性品牌，更何况发展时间更短、规模体量更小、综合实力更弱的社会办医！

正因为医疗服务品牌具有强区域性，深耕一个区域远比盲目跨区域扩张更有价值和意义！例如，在同城建立眼视光连锁门诊部或诊所，儿童青少年等目标人群可能会随着升学而迁移，这时同城连锁布局的品牌优势就更为明显。即医疗连锁扩张要能充分发挥连锁的"品牌外溢效应"优势。

（2）降低成本

医疗服务属于高成本行业，不但物业租金、设备采购成本高，而且人力成本和营销成本也高。在同城建立连锁机构，不仅可以大大降低物业搜寻成本，还可以降低药品耗材和仪器设备集采成本。特别是在医务人员区域注册制和优先鼓励品牌化、连锁化、集团化机构设置等政策落地之后，同城多点扩张的人力成本会更低。此外，在营销和运营等成本上，也有人力、广告和统一管控的成本优势，品牌广告的区域覆盖优势和成本分摊优势最为突出。即医疗连锁扩张要能充分发挥连锁的"运营降本增效"优势。

（3）"高筑墙、广积粮、缓称王"

"高筑墙、广积粮、缓称王"无疑是社会办医的主流战略，尤其是对于"小而美"的连锁门诊部和诊所而言。即便手头资金充足也不能盲目跨区域进行连锁扩张，而应当脚踏实地扎根于一个目标区域、聚焦一个细分领域，挖好护城河，做自己的"王"。

"缓称王"不是"不称王"，更不是不分区域大小都要

"缓称王"。恰恰相反，在特定区域和细分领域内，只要力所能及，要尽可能地"快称王"。即医疗连锁扩张要能充分发挥连锁的"高筑墙"优势。

医疗连锁扩张半径不仅与业态选择有关，还与专科属性有关。例如，医美项目的辐射半径要大于口腔项目，口腔项目要大于眼视光项目，但三者的扩张逻辑高度一致。一般而言，连锁医疗至少要成功运营3家后，商业模式才能算初步成型。倘若没有好团队和好物业，创业者就要捆住自己的手脚、按住自己那颗想要连锁扩张的躁动的心。

资本寒冬下，投资人的投资策略和偏好也彻底变了，早已不再是"你布多大局就能融多少钱""抢赛道、追风口、讲故事"的时代了。失败的创业者往往是那些四处出击、任性扩张的人。例如，外地刚好有张牌照或有好友想入伙，就不顾团队能力和运营半径而盲目进行扩张；直营连锁机构的商业模式尚未成熟，就急着将一般消费品的品牌加盟连锁模式引入消费医疗领域中，还美其名曰"赋能"式连锁，等等。

4.1.3 "小而美"连锁误区

消费医疗"小而美"的连锁趋势正在显著加速，尤其是口腔、医美（含植发）、眼科（含视光）、中医、儿科等领域，已涌现出不少区域乃至全国范围内的连锁机构。这有其特定的时代背景和发展脉络。

经历了四十多年的野蛮成长和激烈竞争后，社会办医迎来了重大挑战和变革机遇。与此同时，消费者的医疗服务需求也发生了巨大变化，已从量变转换升级为质变。过去的散兵游勇、小富即安式的游击队模式早已无法站稳脚跟，连锁医疗成了一股潮流和趋势。在这种形势下，各路资本大举进军医疗服务领域，为医疗连锁扩张提供了充足的"粮草"，但也带来了诸多问题。

（1）所有专科都适合"小而美"连锁吗？

在国外，"小而美"的连锁模式较为成熟，几乎涵盖了所有临床学科。而在国内，由于特殊的行业成长土壤和滞后的商业保险制度，并不是所有学科都适合走"小而美"的连锁道路。国内适合"小而美"连锁模式的有医美、口腔、眼科（视光）、妇儿、康复、心理、中医、皮肤、全科等专科。这些专科的共同点如下：

> ①多数属于非手术类。
> ②对医保的依赖性不强。
> ③目标群体广泛，市场巨大。
> ④学科相对独立，对辅助科室的要求较低。

此外，"小而美"的连锁机构也需要有足够的医生等临床骨干作为合伙人。如果无法形成合理的人才梯队和培养体系，其连锁道路也难以行稳致远。

（2）"小而美"做好了就可以做"大而全"？

不少创业者看到旗舰机构的业务蒸蒸日上，就谋划着新开科室、增加项目。如果只是做一两家机构，新开科室或增加项目也许可行，但是如果走的是连锁道路，"大而全"模式大概率会失败。因为只有细分才能做到专业，做到专业后才有可能走连锁道路。

"小而美"不仅要"小"更要"美"。要"美"，就要摸索制定出SOP[①]，包括选址要求、装修布局、VI系统、服务内容、服务流程、人才培养体系、营销客服体系、业务质量控制体系、组织管理体系、团队激励方案等，才能真正实现"小而美"式的连锁模式。

（3）伪装成生活级机构，既便于连锁扩张，又能规避监管？

由于医疗机构具有"审批难、门槛高、投资大、监管严"等特性，于是有些创业者为了便于连锁扩张、规避监管，即便能批的医疗牌照也不去报批。尤其是在中医、美容和视光等生活级和医疗级相交叉的市场上，不少机构使用的是医疗设备、医疗器械乃至药品，宣传的是医疗诊治手段和功能，甚至聘用

[①] SOP, Standard Operation Procedure，标准作业程序。

了医护人员，而其自身却不是医疗机构。在"合法、合规、合理"的严监管时代，伪装成生活级的"小而美"机构无疑是在自掘坟墓。

非医疗机构和医疗机构依然有严格区分的界限，非医疗机构无法逾越红线去从事医疗业务，但医疗机构却可以兼做非医疗业务，比如医疗美容门诊部或诊所可以销售美容化妆品，眼视光门诊部和诊所可以销售护眼产品和眼保健品等。因此，作为投资人要捂紧口袋，作为创业者要守住红线，作为消费者更要擦亮眼睛。

4.1.4 品牌保护第一步

连锁的优势和价值集中体现在品牌上。

早期，医疗创业者大多抱着"短平快"赚钱的投机想法，没有想过做连锁，也就没有品牌意识。近十年来，医疗服务市场发展到了拼品牌的阶段，不仅网络推广平台（包括搜索引擎）逐步完善了品牌保护审核机制，而且公立医院的维权意识也大大增强，使得社会办医不得不开始注重品牌保护。

品牌保护的第一步是注册商标。遗憾的是，大多数连锁医疗创业者往往都忽视了这个成本不大却又极其重要的一步，给自己埋下了品牌保护方面的大"雷"。

商标注册是获得商标专用权的法定程序。医疗创业者应按照商品与服务类别分别申请商标。

> 商标共有45大类，医疗服务归属44类，其中4401医疗服务和4402卫生、美容服务为必须注册项。35类和9类商标也要注册。35类主要有3501广告、3502工商管理辅助、3503替他人推销和3509零售或批发服务等；9类主要有0901电子计算机及其外部设备，重点是"已录制的计算机程序、已录制的计算机操作程序、可下载的计算机程序、计算机程序（可下载软件）、可下载的手机应用软件"等应用程序、小程序相关类别。包括知名互联网医疗公司在内的不少企业早早就注册了42类（主要涉及"计算机编程及相关服务"），唯独遗漏了9类，从而留下了品牌隐患。
>
> 除了44、9、35、42类，还要根据专科特性去注册相关商品与服务类别商标。例如，眼科机构需注册9类的0921眼镜及附件；口腔机构最好同时注册3类的0307牙膏、洗牙用制剂，5类的0501药品和0507填塞牙孔用料、牙科用蜡，10类的1002牙科设备及器具等；皮肤科机构需注册3类的0306化妆品和5类的0501药品；骨科机构需注册10类的1007假肢和1008矫形用品。此外，36类的保险金融、38类电信和41类教育培训也可适当地注册备用。

创业者在注册商标时应注意以下几个问题：

①商标申请前要查重和查似，可事先自行上商标局官网进行免费查询。

②申请商标时能想到的好名字可能已经被人抢注了，那就果断做新品牌创意。如果两个字不行就三个字，三个字不行就四个字。但字数不能再多了，否则会影响记忆和传播。

③注册商标还应有主次类别之分。既然做医疗，44类为必须注册项，其他类别可选择谐音或复名。若连44类商标都注册不了，就赶紧换名字，不要犹豫。创业者也可选择购买商标，但是商标价格一般比较高，动辄数万元、数十万元甚至更高。

④如果想要已被注册的商标又不想花高价钱去购买，还可以尝试提"撤三"和"无效"申请。从实务角度来讲，"撤三"是指注册商标没有正当理由连续3年未使用的，任何单位或者个人均可向商标局申请撤销该注册商标。"无效"主要是指已经注册的商标，在先权利人或者利害关系人可在商标注册之日起5年内向商标局提出该注册商标"无效"的申请，但驰名商标不受5年的时间限制。

商标注册并不能保证高枕无忧。很多人注册了商标，但并未实际使用，此时商标可能会面临诸多风险。

> ①商标可能被别人申请"撤三"甚至"无效"。
> ②申请注册商标的公司或个体工商户发生变更或注销,未及时做相应的变更处理。
> ③商标因未及时续展而失效。
> ……

这些问题往往在创业者的公司注册地和办公地不一致时最为常见。商标局会将相关通告文件快递到商标持有者的公司注册地,但如果商标持有者收件不及时或错过了该文件,很可能就会因为错过提出复审请求或异议请求的时效而痛失商标。

保住商标的关键是使用商标并及时固定使用证据,特别要注意以下3点:

> ①使用证据必须是对方提出"撤三"的时间点往前推3年方才有效。证据优先固定第三方开具的发票、广告登载报纸的实物等,宣传物料及使用场景拍照也要有时间显示。作为44类商标,同名且在有效期内的医疗机构执业许可证无疑是最佳的使用证据。
> ②使用证据要和注册类别对应,如创业者注册了44类、9类、35类的商标,但除了44类有使用证据,9类和35类都没有使用证据,这种情况下商标也可能会被撤销。
> ③商标持有人将商标授权许可他人使用,要及时去商标局办理许可备案手续。

商标既然有价值、能赚钱，商标注册及保护工作就必定有诸多可操作的技巧和方法。例如，创业者注册了商标但没有使用证据，暂时也还没有人提出"撤三"的申请，商标注册也快3年了，那么创业者可重复申请同名商标，一般可将"撤三"的风险规避期延时3年。不过，有些商标以前可以注册，现在重新注册却有可能会被驳回。毕竟商标最终还要通过人工审核，不同时期不同人的主观判断也有差异。反过来说，以前注册不了的商标现在也有可能会注册下来。

商标注册除了应注意以上3点外，创业者还要了解商标注册的流程和周期。以前从申请、受理、初审到最终拿到商标注册证的时间大多需要两三年，现在也需要一年左右的时间。

只有做连锁医疗才有必要注册商标吗？当然不是。即便不做连锁，好名字的商标也最好注册一下。否则，一旦商标被别人抢先注册了，不仅可能时不时遭受商标侵权控告的困扰，而且在宣传推广实务中也有诸多限制和不便。

商标注册是品牌保护中最重要的一环，但还不是全部，创业者还应该尽早注册网站域名、微博、公众号、视频号、小程序、抖音号等热门平台账号。大多数平台注册账号都认准商标，即便账号被别人抢注了，也有机会通过提交商标证据申诉而拿回来。

4.2 模式：同城"八爪鱼"

医疗服务连锁模式已蔚然成风，区域性、全国性连锁医疗集团不断涌现。现有的连锁基本属于异地平行扩张模式（即传统模式）。我们在实践中发现，连锁不仅可以采取平行扩张模式，也可以采用垂直扩张模式，更可以采用平行垂直混合扩张模式。

4.2.1 何谓"八爪鱼"模式？

新时代下，异地平行扩张连锁模式已危机四伏，同城垂直扩张连锁模式则渐入佳境。本书将连锁医疗同城垂直扩张模式形象地称为"八爪鱼"模式，因其类似"八爪鱼"那样，拥有1个主导中枢神经系统的脑袋和8条又细又长的灵敏触腕，即同城"1+N"模式，在同一个行政区域内（一般以地市级为标准），布局1家旗舰医疗机构（医院或门诊部）和N家门诊部或诊所或生活级机构。

（1）"八爪鱼"模式与传统模式的异同点

最重要的共同点在于，两者均可实现集团规模经济优势，包括品牌、采购、财务、后勤、行政和人事等统一管理优势。

二者最大的不同之处在于，"八爪鱼"模式重在同城垂直扩张而不在异地平行扩张，将传统分级诊疗体系彻底内部化，即在同一个集团框架下真正实现"资源共享、高效分工和整体利益最大化"的连锁目标。

(2) "八爪鱼"模式具有诸多独特优势

"八爪鱼"模式具有扩张成本更低、时间更快、资源整合效率更高、护城壁垒更坚固等诸多独特优势。"八爪鱼"模式也更契合医疗改革和时代发展趋势，如顺应了优质资源下沉、分级诊疗模式、医师多点执业和区域注册制度、去中心化布局以及行政审批"放管服"措施等。

以连锁模式较为成熟的眼科为例，现有的连锁眼科集团大多属于异地平行扩张连锁模式。这种"重资产"的连锁扩张模式成本高、投入大、进度慢、效率低，且在特定区域内往往是孤军奋战，很难建立起高壁垒。

相反，如果在同城建立"1家眼科医院或旗舰眼科门诊部+N家眼科门诊部或诊所"，将专业医疗机构开到目标客户家门口去，那么这些眼科门诊就是眼科医院或旗舰机构扎根社区或乡镇的最佳入口抓手。

"八爪鱼"模式远比眼科医疗机构"组建健康教育团队、进社区定期或不定期集中筛查"的"游击队"模式更加稳当、专业和全面。主要原因有以下几点：

①眼科门诊自身可解决无需住院的常见多发眼病、医学验光配镜、专业近视防控、弱视训练治疗和干眼症

> 诊治等。
>
> ②可常年建立日常化、专业化的眼健康筛查数据库，全程持续跟踪患者的眼健康情况。
>
> ③可与同城头部医疗机构实现分级双向转诊，如白内障超声乳化手术、近视飞秒激光手术、玻璃体切除手术等都可以转诊至头部医疗机构内进行，而患者的术后复查、跟踪回访则就近转回眼科门诊内进行。

虽然"八爪鱼"模式在理论上尚未被业界系统地探讨，但是已经有了不少实践先行者和探路者。多家眼科连锁集团已在部分一线城市和省会城市里着手布局"1+N"模式的眼科门诊部和诊所。

在消费升级趋势难以逆转的大环境下，建立在专业医学验光配镜基础上的眼科门诊部和诊所，势必会成为普通眼镜店和视光中心的转型目标和强劲对手。在区域布局选址上，眼科门诊部和诊所可以对标品牌连锁眼镜店和视光中心。在各省市卫生健康委员会、市场监督管理局等审批流程上，品牌连锁医疗机构在同城开设新的分支机构，将有望趋近于生活级连锁机构开分店的模式，适用简易审批程序。

以市场化成熟的医疗美容专科为例。医疗美容的"八爪鱼"连锁模式，即在同城开设"1家美容医院或旗舰美容门诊部+N家美容门诊部或诊所"。美容医院和美容门诊的主营业务互补，美容医院的业务相对全面和高阶，而美容门诊部或诊所则主要以微整形和皮肤美容为主，二者可实现内部分级诊疗、双向无缝转诊。在区域布局选址上，美容门诊部和诊所也可以对标品牌连锁美容院。

> 例如，重庆某知名连锁美容医院，早在十多年前就在解放碑、观音桥等主城区的核心商圈内率先尝试设立了相对固定的美容咨询点。这种将咨询等非医疗类服务前置的创新方式，可视为"八爪鱼"模式在医疗美容领域的应用雏形：将入口触角伸到目标客户身边，从而实现营销场景化、长尾化、常态化。

同城"八爪鱼"连锁模式不只是适用于眼科和医美领域，还适用于口腔、疼痛、中医、儿科、皮肤、妇产、新康复、新心理等专科。

"小而美"门诊部和诊所的连锁扩张模式不能盲目地套用"大而全"医院业态的异地平行扩张模式，而应该首选同城"八爪鱼"式的垂直扩张模式，从而充分发挥连锁的三大优势，即品牌外溢效应、运营降本增效和高筑墙。未来的医疗服务市场，同城"八爪鱼"模式以及垂直分级和平行扩张的混合模式，将成为主流的连锁扩张模式。

4.2.2 "八爪鱼"模式能落地吗？

连锁医疗"八爪鱼"模式落地的条件已经日趋成熟，主要体现在3个方面：

（1）牌照审批简化已逐步落地

医疗连锁扩张难，首先难在牌照准入审批环节。这些年来，行政管理部门"放管服"改革措施越来越务实，医疗牌照的审批流程逐步简化，有效地促进了"八爪鱼"模式的落地。具有代表性的政策主要有以下几个。

2018年7月25日，上海市出台了《上海市人民政府关于推进本市健康服务业高质量发展加快建设一流医学中心城市的若干意见》（以下简称"上海市健康服务业50条"），意见中明确了以下几点。

①促进医疗美容、口腔正畸、体检、辅助生殖等非基本医疗服务市场发展。

②完善社会办医疗机构审批制度，先行放开100张床位及以上的社会办医疗机构、全科诊所和中医诊所的规划限制。（请注意，"先行放开"意味着"后续还有"。）

③二级及以下医疗机构的设置审批和执业登记实施两证合一，实行直接执业登记。

④简化社会办医的审批流程，取消无法定依据的前置

条件或证明材料，压缩审批时限。推进社会办医疗机构网上审批，实现审批只跑一次。

⑤诊所诊疗科目可以根据实际需求设置，科目设置不超过4个。

⑥鼓励发展共享医疗服务模式，对共享医技服务的医疗机构相应科室设置和设施不做硬性要求，相关委托协议可作为该医疗机构登记有关诊疗科目的依据。

⑦鼓励具有一定规模的社会办医疗机构开展品牌化、连锁化经营，探索建立连锁经营医疗机构及医护人员统一注册登记制度，简化医技科室设置和设施要求。

2019年1月3日，国家发改委等九部委联合出台了《关于优化社会办医疗机构跨部门审批工作的通知》。九龙合力治水，力度空前，这势必将快速地推进各省市医疗机构设置审批制度的改革。

2019年1月17日，上海市卫健委下发了《关于优化本市社会办医疗机构设置管理的意见》，明确了以下内容。

①从2019年3月1日起，对于100张床位及以上社会办医疗机构，以及个体诊所、中医诊所、全科诊所等基层医疗机构，不做数量、等级、选址距离等限制。

②对于老年医疗护理、康复、儿科等社会需求大的薄弱专科医疗机构，不做数量、等级、床位规模、选址距离

> 等限制。
>
> ③社会办医疗机构选址与托幼机构、中小学校、食品生产经营单位应当物理隔离。
>
> ④鼓励社会办医疗机构形成连锁化、集团化，建立规范化、标准化的管理与服务模式。对拟开办集团化、连锁化社会办医疗机构的申请主体，可以优先设置。

从以上政策来看，在不远的将来，连锁医疗尤其是知名品牌的连锁医疗集团在新设连锁机构时，特别是采用同城"八爪鱼"连锁模式时，申请医疗牌照将更加便利，有关部门甚至可能采取简易的形式进行审批或备案流程，重点考核申办主体的资质和能力。

（2）医护人员区域执业已执行

医护人员多点执业、区域注册政策在全国范围内都已经落地执行。代表性政策除了2017年原国家卫生计生委发布的《医师执业注册管理办法》和国务院办公厅印发的《关于支持社会力量提供多层次多样化医疗服务的意见》外，还有以下几个。

2018年7月，上海市"健康服务业50条"中明确了以下几点。

> ①完善医师执业管理制度，在公立医院推行全职、兼职等不同的医师执业方式。

> ②探索实施护士执业区域注册。
>
> ③支持和鼓励医疗卫生事业单位专业技术人员兼职创新、在岗或离岗创新创业,对经同意离岗的可在 3 年内保留原有人事关系。

2019 年 1 月 14 日,天津市卫健委又出台了离自由执业更进一步的《关于放宽京冀执业医师护士来津注册工作的通知》,通知中明确了以下内容。

> 北京市或河北省的执业医师及护士,视同自动获得在天津的任何一所医疗、预防、保健机构按照在津执业机构执业范围和本人执业类别和执业范围进行执业的资格。

这就意味着天津不仅当地的医师多点执业无须备案,就连医师跨省执业也无须备案了,天津市正式吹响了医护人员自由执业的号角。

公立医院医护人员不仅可以区域执业,还可以异地多点执业、在职创业,让医护人员动起来而不是让患者四处跑,让优质医疗资源尽可能地贴近老百姓。这无疑给"八爪鱼"连锁扩张模式提供了丰富的人才资源和灵活的用人机制,大大提升了"八爪鱼"模式落地的可能性。

(3)市场环境和通路加速变革

社会办医的市场环境和通路已加速变革,突出体现在两个方面:一是 2018 年国家医疗保障局成立后,全国范围内掀起了"严查医保违规违法"的新高潮;二是支持社会办医的政策基调是"宽准入、严监管"。

以眼科为例,过去白内障病种高度依赖社区筛查的免费模式已遭遇严峻挑战。在重庆、云南、上海等地,众多眼科连锁集团要么直接叫停了社区筛查的模式,要么即便还有社区筛查,也暂停"全免"优惠政策。"八爪鱼"模式,正是社区筛查模式的最佳替代导流模式。相关监管部门利剑出鞘,对视光市场的各种乱象从严整治,眼科门诊正规军迎来了爆发期,"八爪鱼"模式也有了用武之地。

"莫道君行早,更有早行人。"连锁医疗的"八爪鱼"模式早已不再只是理论或预测了。除了知名眼科连锁集团正在大力推进的眼视光门诊部和视光中心连锁布局外,还有口腔连锁集团在同城布局口腔医院和口腔门诊部,以及医疗美容和生活美容、康复和拉伸等项目融合一体化发展等。

> 例如,2021年,新康复的头部连锁机构除了继续在上海稳步拓展连锁门诊部外,还在上海各大核心商圈快速布局了8家主打"拉伸"的连锁门店,形成了"医疗级康复+生活级拉伸"的同城"八爪鱼"连锁模式。

在现实中,不仅仅是社会办医或消费医疗连锁扩张适合走"八爪鱼"模式之路。无论是综合医院、专科医院还是中医医院,甚至是公立三甲医院的扩张也大多采取的是"多院区"

扩张路径，其本质上也是同城"八爪鱼"模式。可见，只要能降本增效，连锁扩张模式根本不分公与私。

可以预见的是，未来"八爪鱼"连锁模式必将另辟蹊径、快速崛起，特别是在眼科、视光、医美、口腔、中医、康复、心理等消费医疗领域将有更为突出的表现！

4.3 专科：眼视光与新康复

本节以消费医疗中的眼视光和新康复两大热门专科为例，重点阐述了医疗连锁的区域布局与选址策略。

4.3.1 眼视光连锁机构选址指南

业界流行一句话"有眼光，投视光"。然而，放眼国内市场大爆发的眼视光行业，尤其是以眼视光为主业的眼科门诊部和诊所业态，可以发现大多数连锁机构的运营都不太理想。区域选址错误是造成眼视光连锁机构陷入"食之无味、弃之可惜"两难困境的主因。

在第三章中我们已经强调过选址的战略重要性，在社会办医的诸多核心成败要素中，选址的重要性已仅次于团队的重要性。一旦选错址，创业者轻则损失数十万元，重则损失数百万元乃至数千万元。

眼视光连锁机构选错址的典型表现主要有以下3个。

①为迁就牌照而选错址

即便实施了"放管服"政策，医疗牌照仍然比较难办，眼科门诊部自然也不例外。由于眼科门诊部尚未有全国统一的设置标准，因此仍有不少省市无法申办眼科门诊部。

在选择物业和申请牌照上，往往无法做到两全其美。眼视光项目选址要优先考虑拥有人气红利的成熟商圈，但商圈物业很可能不好批牌照，能批出牌照的区域人气又不足。但是，医疗牌照审批的大趋势是"放宽准入"，尤其是"小而美"的眼科门诊部和诊所业态的牌照审批更是如此，创业者切不可为迁就牌照而选错址。

②为追求连锁而盲目扩张

眼视光项目的单店业务大多做不大，即便做大了也很难复制。有梦想的眼视光项目创业者，尤其是在不懂行投资人的误导乃至威逼利诱下，往往会选择跨区域连锁扩张。但很多人只是为了连锁而连锁，从而埋下了"盲目扩张"的大"雷"。

何谓盲目？不充分考虑自己的团队能力、资源匹配力而扩张就是盲目。例如，创业者已经营眼镜店或视光中心多年，客户群体基本都集中在主城区，但为了升级和连锁而选择去郊区创办眼科门诊部，从而导致连锁门诊既无法

> 实现降本增效又无法享受品牌溢出效应最终陷入困境。
>
> ③选址不做深入调研
>
> 很多创业者的底层认知从未将选址的重要性提升到战略高度，造成选址过于仓促和随机。他们既不做细致的物业性价比调研，也不做竞争对手布局分析。其结果往往是要么选的物业租金太高，后续运营压力极大乃至最终被高租金所压垮；要么新机构很可能前脚刚落地，后脚眼科巨头企业就在附近开了一家眼科医院。
>
> 还有的新机构刚开业不久，竞争对手在距离其不到2千米的地方又新开了两家眼科门诊部。一般而言，如果不是以屈光手术为主营业务，眼科门诊部的主要目标区域市场覆盖的就是周边2到3千米的范围，能把周边区域做深做透就算成功。如果同时有两三家机构抢食同一个区域的蛋糕，甚至抢的还是本就不大的郊区蛋糕，那结果必定是"谁也吃不饱，谁的日子也别想好过"。

以上3种典型的选错址情况都不是凭空臆想出来的，而是都有现实的案例。

对于眼视光连锁机构而言，儿童青少年近视防控业务基本集中在周末、节假日尤其是寒暑假，其他时间尤其是周一到周五的门诊量都很低。创办一家以眼视光为主业的眼科门诊部，如果周末门诊都没有业务量，在以配镜为主（框架眼镜和OK

镜）的盈利模式未能改变的情况下，该机构基本就败局已定。

那么眼视光连锁机构要如何选址才靠谱、安全呢？可以采取以下选址策略，如图4-2所示。

看目标客户在哪里

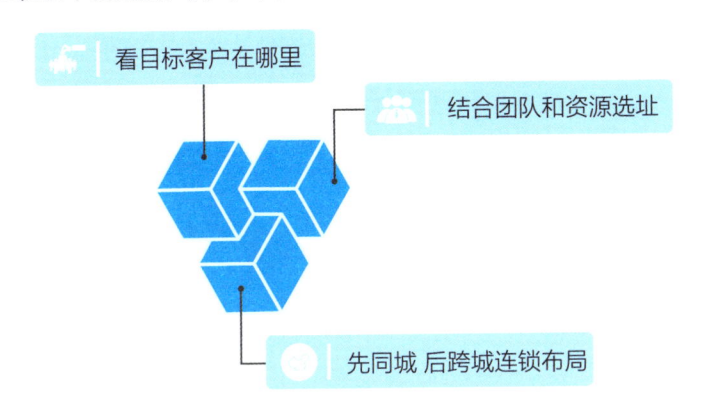

结合团队和资源选址

先同城 后跨城连锁布局

图4-2 眼视光连锁机构的选址策略

（1）看目标客户在哪里

基于眼视光专科目标客户的特性，选址要充分考虑人气聚集。要注意的是，这里说的不是人流量，而是人气池，不能聚集人气的所谓人流量大多只是过眼云烟。倘若眼视光连锁机构将选址落在光有人流（车流）、有人气却无法驻留的区域内，大概率会掉坑。

①首选目标区域内的繁华商圈

选址时应根据每个城市核心商圈的实际人气而定，即便是同一品牌的商业广场，处在不同城市、不同区域内，其人气也大多参差不齐。受电商等线上业态冲击，步行街、商业广场等繁华商圈大多聚焦了三大线下人气业态，即餐饮、儿童游乐场和课外培训机构、大型购物商场。这些业态均可成为眼视光连锁机构的人气保障。繁华商圈还便于机构日常开展异业联盟或联合营销活动，特别是在工作日，这样做可以使机构的人气还不至于过分冷清。

此外，眼视光连锁机构选址在繁华商圈内工作还有两个隐性红利：一是方便"妈妈群体"逛街消费，二是在繁华商圈内工作对新生代视光师、验配师、护士和运营人员来说也更有吸引力。

此选址策略的逻辑类似于品牌连锁眼镜店和视光中心。

②次选社区和学校密集区

例如，成熟社区、中小学幼儿园聚集的中心地段临街门面，尤其是停车方便且有超大展示面的"一拖二"门面房或独栋小楼都是可选的目标物业。

此选址策略的逻辑类似于品牌连锁培训机构。

③最后可考虑和公立大医院做邻居

尤其是可选眼科（以眼病为主）专业强或儿科特色突出的大医院周边的临街物业。具有数十年乃至上百年历史的公立大医院，大多已成为其所在城市的地标性建筑，所处区域综合配套设施和商业相关业态也较为成熟和齐全，消费者已形成了就医惯性，若能与该医院的眼科医生形成

> 良性互动就再好不过了。
>
> 　　此选址策略的逻辑类似于大医院边上的眼镜店和零售药店。

　　以上3个选址策略也并非绝对区隔，也有两个或三个交叉重叠的区域和物业。例如，目标物业既属于繁华商圈，周边又有众多成熟社区和中小学校，还有当地知名的公立大医院，这当然是最佳选址。如果能找到类似的好物业，一般得靠抢才能租下来，而且好物业从来不会只有我们看上，往往需要我们足够果断才能抢到，当然前提是牌照能获批。在特定情形下，如预期牌照能批但我们担心该物业被别人抢租，可以先租下来当作眼镜店或视光中心，先低成本运营再走医疗牌照审批流程。

（2）结合团队和资源选址

　　选址如果都能按照创业者设计的最优方案进行，自然是好事，但实际操作时未必都能如愿。目标客户人气聚集之地要么已没有合适面积的物业，要么有合适的物业却批不出牌照。创业者就得结合自己的团队和资源进行选址。

　　如果创业团队在目标区域深耕过儿童青少年市场，拥有丰富的客户渠道，包括但不限于学校筛查资源、知名培训机构的异业联盟资源、目标区域内的"虎妈牛娃"社群等，又或者有目标区域公立大医院的眼科医生合作助力，这些区域均可考虑选址。

(3)先同城后跨城的连锁布局

无论是生活级还是医疗级,眼视光机构做的多是周边居民的生意。"小而美"的连锁机构原则上应优先同城布局再跨城扩张,即走"八爪鱼"模式,在同一个地级市行政区域内布局一个旗舰中心机构(医院或大型门诊部)和 N 家门诊部或诊所乃至生活级机构。

正因为医疗牌照的稀缺性在下降、准入门槛在降低,选址的重要性就更加凸显。倘若我们占据了一个好物业,且已提前深耕数年(一般要 3 年以上,至少也要 2 年),可以让后来者不敢贸然进场跟我们抢业务。即便是眼科连锁巨头企业,要想在我们机构边上选址,至少也得忌惮三分。

以一线城市为例,若我们在繁华商圈的临街一楼门面创办眼科机构。一般而言,机构周边 500 米之内不会再批同类同级的医疗机构,我们就具备了"护城河"壁垒。如果商圈租金太贵,那就牺牲面积;如果面积太小批不了门诊部,那就批诊所;如果面积缩小后租金还是贵,那就把广告费折算进去;如果租金超过了预算,那就把每月很可能空闲 20 天也考虑进去。综上,以视光专科为主业的医疗机构,面积以 300~500 平方米最佳,"一拖二"或一楼层高过 5 米的优先考虑。

"小而美"的眼科门诊部和诊所的选址应尽量避开"大而全"的眼科医院,通常要距离眼科医院 3 千米乃至 5 千米以上,除非是眼科医院自己在按"八爪鱼"模式布局。创业者可以不相信品牌的力量，但请不要怀疑资本的威力。即便同样是熬，"小而美"的机构多半也熬不过大资本、大集团。

在竞争激烈的市场环境下，曾经作为美容院、养生馆、品牌服装专卖店、餐馆、教培机构和银行营业网点等业态的绝佳物业，现在有不少都出现了转租空档。只要创业者肯花时间、精力和资金，多找几家靠谱的商铺中介，就有可能找到高性价比的稀缺好物业。

选对址固然重要，但最重要的还是选对人。如果没有靠谱的团队（眼科医生/视光师和运营团队），选址再好也是枉然。现实中也有选址不佳却取得成功的眼科门诊部，但这显然属于小概率事件。别人选址不佳却能赚钱，要么是做得早，要么是有稳定的客户渠道等特殊资源，我们作为后来者，又没有足够的客户积累，自然无法照搬别人的成功经验。即便是靠特殊资源成功的眼科门诊，在进行连锁扩张时也大多会遵循以上的选址策略和原则。

4.3.2 新康复：二三线城市能挖到金矿吗？

新康复作为消费医疗领域的又一热门新赛道，有别于过去传统认知中的康复医院和综合医院康复科，主要有"三新"。"一新"在业务，大多以运动康复（骨科康复）、疼痛康复、产后康复、中医康复和儿童康复为主营业务,而不是以传统的神经康复、心肺康复、重症康复、肿瘤康复和老年康复为主。

"二新"在业态,主流业态是门诊部(或独立的康复医疗中心)和诊所,而不是医院。

"三新"在支付,费用主要靠商业保险和患者自费支付,而不依赖基本医疗保险支付。

新康复和眼视光这两个消费医疗的热门专科存在诸多共性,不仅都是生活级和医疗级趋向融合的变革主场,也都是继眼科医院和康复医院业态火爆后,"小而美"的门诊部和诊所业态的创业大热门。

但新康复专科市场的发展阶段要滞后于眼视光专科很多年。眼视光专科由于市场化较早,在区域选址上,一线城市(含新一线城市)和二三线城市均可考虑。而从商业模式可复制的角度上看,新康复连锁布局应优先选择在一线城市(含新一线城市)落地,理由主要有以下3点。

(1)需求有保障

新康复专科的目标客户主要集中在一线城市"有钱有闲"的高知群体,他们不仅有支付能力,大多还有运动健身习惯,所以运动损伤和关节损伤等疾病相对更高发。更重要的是,高知群体往往拥有较高的健康认知,也更容易接受和认同"新康复"理念。

新康复专科的主要客户不是那些习惯去医院骨科、疼痛科、中医科、康复科就医且依赖医保支付的中老年群体，而是分散在健身馆、私教工作室、月子中心、美容院、养生会所和推拿按摩馆等场所的中高端收入群体以及专业运动员和体育爱好者。

医疗创业不要试图去教育市场或创造需求。对新型业态的初创企业而言，更应该聚焦市场未满足或未能充分满足的已有需求，不要总想着"整大事、创大业"，更不要妄想自己能创造一个时代或引领一种需求。

（2）团队有保障

新康复专科的情况类似于眼视光专科曾走过的曲折历程，不少医生对新康复专科的治疗手段和训练方法依然不了解、不认可甚至抱有轻视和不屑的心态。通常，一线城市拥有更多成熟的康复医学或运动医学专科医生、康复技师、理疗师和专科运营团队，从而为新康复机构提供了更好的、充足的人才保障。

此外，一线城市的医生和运营团队的认知更容易同频，也更容易合伙或合作。在二三线城市，新康复初创机构要想立足，其生存环境往往更为艰难，一旦有风吹草动或医疗差错，极易遭受传统旧势力的排挤和贬低。

（3）连锁有保障

新康复专科的单店模型一旦形成，在一线城市探索同城"八爪鱼"连锁模式的成功率更高，也更能发挥连锁的"品牌溢出效应、运营降本增效和高筑墙"三大优势，从而实现品牌协同、团队协同、客户协同。

后疫情时代，二三线城市的新康复门诊部或诊所普遍面临生存困境，主要原因不在于疫情反复而在于区域选址。与之形成鲜明对比的是，某知名连锁机构创始人早年果断放弃了沈阳的门诊部，选择扎根上海发展，其创办的连锁机构仅用了短短四年时间就成长为新康复尤其是运动康复领域的头部机构，先后获得多家知名资本的三轮巨额融资。

当然，不是说所有二三线城市都挖不到新康复的金矿。在现实中，二三线城市的新康复机构也越来越多了，但其商业模式大多不具备强复制性，往往只是单体机构或两三家连锁机构的运营较好，未来大概率会成为一线城市的新康复头部连锁机构或资本的并购目标。但即便是并购，头部连锁机构和资本大多也是优先考虑国内大城市的新康复标的。

第 5 章

投资破局：悖论与逻辑

> 相对于其他行业而言，医疗服务投资的热度持续时间更长久，但总体呈现"掉坑者众，收获者寡"的分化局面。这主要与医疗服务投资的三大悖论和投资逻辑紧密相关。

5.1 医疗投资：三大悖论

医疗服务虽然越来越受上市公司和投资基金等大集团、大资本的关注，但它与生物医药、医疗器械以及互联网医疗、AI 医疗等其他医疗健康领域投资不同的是，医疗服务投资存在三大悖论。

5.1.1 抗周期 VS 扛周期

无论是和平年代还是战争年代，无论是经济繁荣还是经济衰退，人都难免会生病，而生病就需要寻医问药，这是医疗服务投资抗周期最为朴素的底层逻辑。从国际经验来看，人均 GDP 只要超过 8000 美元，服务业就将进入全面跃升的重要阶段，人们对健康、长寿、美丽和年轻的永恒追求就会转化为有付费意愿和能力的实质行动。通俗地说，一旦人们的收入水平提高，他们就会更注重健康也更爱美，这是人的本性。这些都是医疗服务投资抗周期的客观依据。

医疗服务投资的抗周期性给了很多投资人一个幻觉，似乎只要挤进医疗投资圈就能轻松赚钱，然而现实往往不尽如人意。根据公开信息显示，抛售医院资产和业绩对赌失败的上市公司早已不是个例。

> ①跨界医疗的上市公司抛售医院资产
>
> 例如，某宝股份在2018年年底曾发布《关于公司退出医疗服务行业的公告》，拟出售宿迁某河人民医院90%的股权；某景控股在2018年中公告拟出售北京某安、某安康和100%的股权和南宁某安70%的股权。
>
> ②同在医疗产业链上的上市公司也抛售医院资产
>
> 例如，某康医疗在2018年6月公告称，拟出售兰考某医院、兰考某阳医院、兰考某方医院100%的股权；2021年，某康医疗破产重组尘埃落定。
>
> ③业绩尚可的医院资产也被抛售
>
> 例如，贵州某佰于2018年年底发布公告，转让淮南某阳医院53%的股权；某峰药业于2018年底发布公告称，拟将成都某沙医院100%的股权转让。
>
> ④抛售控股医院子公司的上市公司有，连自己都抛售的也有
>
> 例如，海南某药先后斥巨资买了某钢医院、郴州市某医院东院等，2019年，海南某药易主，被出售给了某医药投资平台。

> ⑤上市公司收购的医院业绩承诺不达标的更多
>
> 例如，某民制药收购的鄂州某院，2018年度仅完成承诺目标的一半不到，白水某民医院更是只完成了业绩承诺的三分之一；某普医科收购的重庆某健友方医院，2018年度业绩承诺也没有完成；某新医疗与齐齐哈尔某华医院之间的内斗热门事件，起因也是业绩承诺完不成；某新医疗100%控股的江苏某恬康复医院，2018年度甚至只完成了不到业绩承诺的三分之一。
>
> ——数据、信息来源：《看医界》《21世纪经济报道》《界面》等媒体资料

除了这些信息可查的案例，更多案例被隐没在无需公告的私募基金里。大健康基金中真正投资医疗服务的很少，大部分投资的还是生物医药和医疗器械乃至互联网医疗和AI医疗；即便投了医疗服务，其投资额大多仅占基金投资总规模的20%以下；主投医疗服务的基金，其投资回报也极少能符合预期。

医疗服务投资之所以容易陷入抗周期性的悖论，主要有两个原因：

> ①医疗服务投资只是相对抗周期
>
> 相对于煤炭、钢铁、地产、纺织等资源枯竭型、暴利退潮型和传统衰退型行业以及高端酒店、高档会所、旅游度假等经济周期共振型的服务业而言，医疗服务投资确实

> 抗周期。
>
> ②医疗服务投资自身也有周期
>
> 大多数医保类专科，如内科、外科、中医、康复等，面临着严格的监管环境；自费类专科为主的消费医疗也遭遇经济下行周期，消费者大多捂紧口袋，非必需消费能少则少、能拖则拖。

医疗服务向来不是"强市场"属性，更不可能完全市场化。正因如此，政策成了影响医疗服务投资的重要决策变量，直接影响标的选择和估值。

现实中，一边是政策利好不断、欢呼不止，一边却是业内甩卖不断、哀鸿遍野。这种"外面叫好，里面唱衰"的情形好似围城，"城里的人想出来，城外的人想进去"。面对这种局面，医疗投资人可能会说"投资不就是要先下手为强吗？提前布局难道不对吗？"提前布局没问题，问题是有的投资人根本不懂行还妄图提前布局，结果往往只能是投了个寂寞、得了个教训。投资不能投机取巧，尤其是医疗服务投资，更不能投机。

拉长时间周期来看，医疗服务投资确实抗周期。但从中短期看，医疗服务投资正处在自身周期之中。只有真正懂行尤其是懂医疗服务实体运营的投资人才有可能跑赢周期，那些只会看风口、证照和报表的投资人，该掉的坑一个都不会少，最终不得不惨淡离场。即便单从资金避险的角度看，也只有懂行的投资人才能安然避险。因此，对于懂行的投资人来说，医疗服务投资是抗周期；对于不懂行的投资人来说，医疗服务投资是扛周期。

5.1.2 高估值 VS 高哭值

医疗服务投资高估值早已不是什么新闻。但若以业绩承诺期的平均净利润来计算动态 P/E，估值大多也不算太高，基本都在 10~20 倍之间。我们先来看一看一些上市公司公开的数据。

> 某普医科以 9.75 亿元收购了四川某谊医院 75% 的股权，业绩承诺期（前三年）的平均 P/E 为 15.13；某星医疗以 2.56 亿元收购了浙江某州康复医院 80% 的股权，业绩承诺期（前三年）的平均 P/E 为 13.82。
>
> 业绩承诺期动态 P/E 较高的是某芝药业，它在 2018 年豪掷 3.213 亿元收购了云南某洲医院和某万家医院 51% 的股权。以两家医院业绩承诺期（前三年）累计净利润之和 1.150 亿元计算，其业绩承诺期（前三年）动态 P/E 为 16.43。P/E 较高的原因在于这两家医院各自手上有一张辅助生殖技术的稀缺牌照。

不仅如此，在业绩对赌期间，上市公司并购标的承诺的每年净利润增长幅度也大多在 15%~30% 之间,并不算太高。

> 某星医疗收购的浙江某州康复医院,2017—2019 年的业绩承诺分别为净利润 2000 万元、2300 万元和 2645 万元,年业绩增长幅度均为 15%。
>
> 某民制药收购的鄂州某院,2017—2019 年的业绩承诺分别为净利润 2300 万元、2645 万元和 2843 万元,年业绩增长幅度分别为 15% 和 7.5%;收购的白水某民医院,2018—2020 年的业绩承诺分别为净利润 1725 万元、1980 万元和 2280 万元,年业绩增长幅度约 15%。
>
> 某普医科收购的四川某谊医院,2017—2019 年的业绩承诺分别为净利润 6593 万元、8581 万元和 10594 万元,年业绩增长幅度分别为 30% 和 23.5%;收购的重庆某健友方医院,2018—2020 年的业绩承诺分别为净利润 2000 万元、2500 万元和 3000 万元,年业绩增长幅度分别为 25% 和 20%。

看投资估值是否偏高,重点应看收购前标的医院的业绩。若以收购前标的医院净利润来计算静态 P/E,则绝大多数医院的 P/E 估值都远远超过 20 倍。有利润又有卖点的医院 P/E 动辄 30 倍起,有的甚至高达近 100 倍。

> 2018 年,某芝药业收购了云南某洲医院、某万家医院。2017 年,云南某洲医院的净利润仅为 728.27 万元,某

> 万家医院仍处于亏损状态，净利润为-89.93万元，两家医院的合并净利润仅为638.34万元，医院估值6.3亿，静态P/E近100倍。
>
> 某普医科2017年收购的四川某谊医院，其2016年度的净利润为3957.4万元，医院估值13亿，P/E约为33倍；2018年收购的重庆某健友方医院，其2017年度的净利润为482万元，医院估值2.55亿，P/E近53倍。
>
> ——以上数据综合了《Wind》及相关上市公司公告等资料

还有不少没有公告的高估值投资案例。

> 上海筹建中的康复医院，创始团队累计投入两千多万元，投资后估值近亿元；另一家营业仅两年多的康复医院，以市销率2倍多的估值成功转让。更令业内惊讶的是，上海有一家刚营业一年多的新医院，虽然拥有医保定点资质，但是该医院收入不高、更无利润，建筑面积不到一万平方米，物业是租的，业务也没亮点，居然以一亿多元的价格成功转让，堪称现实版的"天方夜谭"。

更有众多不切实际高估值的待售标的。

> 上海有一家老牌民营综合医院，年收入五六亿元，利润一亿多元，估值八九亿元，P/E计算还不到10倍。但问题是，该院建筑面积不到一万平方米，开放床位也不到百

> 张，往年业绩虽好但坪效（床效）显然过高，很难持续增长下去。

按照业内规则，与高估值相对应的往往是高对赌。收购前后 P/E 估值的巨大反差和鸿沟，势必会给对赌双方都埋下一颗大"雷"，因此业绩承诺不达标的案例也就越来越多。表面看对赌期承诺业绩和年增长幅度都不算太高，为什么很多医疗机构却依然完不成呢？除了受非运营因素的影响，如历史隐性债务和担保纠纷等因素影响外，还有 3 种可能。

> ① 当初为了高估值而"打扮"财务报表
>
> 为了能卖个好价钱，医疗机构产权人和运营方往往会选择冲业绩来打扮财报，导致业绩承诺基数从一开始就定高了，即便对赌期内的业绩增长幅度不高，也很可能完不成。
>
> ② 医疗服务业绩增长容易有天花板
>
> 任何一家医院能覆盖的都是特定区域内有限的市场，无法实现业绩持续高速增长。当业绩增长到一定程度后，医院就很难突破天花板继而完成业绩承诺目标。
>
> ③ 对赌期刚好撞上社会办医寒冬期
>
> 21 世纪前十五年，社会办医的日子都比较好过，主要是赶上了经济高速增长的好时代，享受了人口、营销和"新医改"政策等多重红利。然而，从 2015 年起，社会办

> 医就开始艰难了，整个行业沿着"合理、合法、合规"的道路加速转型，医保监管越来越严，运营成本越来越高，信息越来越透明，经历近四年的反复挣扎，在2019年社会办医整体进入寒冬期。

基于以上原因，对赌第一年，医院业绩大多能达标，不少还能精准达标，但是第二年业绩要达标就很难了，第三年就更无法实现业绩承诺。这并不是说医疗投资不能采取对赌策略，而是说高对赌本身就不符合医疗服务行业的特性。这个观点的逻辑基础和以搜索竞价来获客的模式不可持续是一致的，任何一家医疗机构的业绩、任何单病种均值都不可能持续高增长。

对于医疗服务行业而言，高对赌更是令人细思极恐的"魔咒"。试想，作为接受业绩对赌的医疗机构运营方，在自身利益即将受到巨大损失的情况下，可能会选择去损害谁的利益呢？

医疗服务不是生物医药和医疗器械，无法工业化地批量生产，更不是互联网医疗和AI医疗，不可能实现指数化增长。这就决定了医疗服务不可能满足激进资本的持续高增长要求，也注定其不可能有过高的资本回报。有些医疗投资人偏爱面积大、床位多的单体大医院，看似为自己留足了业绩增长空间，结果却是给自己挖了个大坑。

有些医疗投资人，看到单体"大而全"模式不行，就转投连锁的"小而美"模式。然而，医疗服务领域内真正可复制的成熟连锁模式可谓凤毛麟角。毕竟，靠谱的医生和运营团队无法速成。这又不是开酒店和饭馆，短期培训一下厨师和服务员，就能开连锁店；更不是像酒店和饭馆那样，业绩增长可以只通过简单考核"翻床率"和"翻桌率"即可。

绝大多数医生仍在体制内，流动又受限制。刚毕业的医学生还不能及时顶上，不仅临床技能欠缺，还必须经过规培（指住院医师规范化培训）、轮转，而绝大多数规培定点又都在公立医院。合格医生的供给速度，根本跟不上资本的快速扩张节奏。

合格的医疗机构运营人才就更稀缺了，这主要有以下两个方面的原因。

> ①医疗机构运营这门学科，至今没有像医学等绝大多数学科那样有系统的大学教育和后续培训体系。近几年兴起的所谓医院运营管理培训班、研修班乃至MBA、EMBA教育，绝大多数在运营实战中派不上用场，顶多起个基础概念的普及作用。
>
> ②早期有实战经验的运营管理人才，大多是在不规范的市场环境下摸爬滚打成长起来的，不是正规军甚至文化层次也不高，即便有成功经验，也都是过去式。在行业整

> 体转型的变革期,他们所谓的经验不仅用不上,还可能会让机构回到传统老路甚至误入歧途。

在过去的草莽混乱时代,医疗机构运营领域确实有过"一招制胜"乃至"一招鲜、吃遍天"的传奇。而在规范转型的新时代,医疗机构运营无疑是一个系统工程,绝不是懂个一招半式就能玩得转的。

这是否意味着所有医疗服务都无法实现快速连锁布局呢?我们通常所说的社会办医以及本书界定的狭义消费医疗都做不到,但宠物医疗可以。例如,某头部资本牵头组建的宠物医院连锁集团,仅用短短三四年的时间,就通过自建、并购和整合,布局了 1300 家宠物医院。

医疗服务投资不是不能赚钱,而是其回报属于细水长流型。如果投资人想要暴利,追求"短平快",就不适合投资医疗服务,最好趁早掉头或绕道。医疗服务投资但凡是接受了高估值、高对赌的,最后往往会经历"高哭值"。

5.1.3 赋能型 VS 负能行

大多数医疗投资人都不懂医疗机构运营,真正懂医疗运营的正规军原本就少,既懂医疗投资又懂医疗运营手里还有资金的投资人更是少之又少。

对于投资人而言，不是成功投过 TMT[①] 就懂医疗投资，不是投过生物医药或医疗器械就理所当然地认为自己也懂医疗服务投资，更不是临床科班出身就自然懂医疗服务投资。懂医疗服务投资的前提是懂医疗机构运营。

一般来说，运营人员如果没有 3 年工作经历，几乎摸不着医疗机构运营的门道，工作 5 年才算略懂医疗机构运营，10 年才能算精通医疗机构运营，而且要一线实战的工作经验才算数，只是参与或见证过都不算。此外，如果运营人员的认知不能与时俱进、迭代创新，即便以前精通医疗机构运营，也会一夜回到解放前，找不到未来的方向。

很多医疗服务投资人仍然停留在从财务和法务层面来看待医疗机构，完全不懂那些更为重要的业务（包括临床业务和运营业务）。即便是学医出身或拥有多年临床工作经历的投资人，往往也只懂临床业务，对于运营业务仍是一知半解。

不懂业务的医疗服务投资人的典型表现如下。

(1) 习惯找对标

例如，投眼科项目，盲目对标某尔眼科。殊不知享受特定时代红利的某尔眼科已经成为"自己能复制，别人难复制"的稀缺案例。

---

① 即 Technology 科技、Media 媒体、Telecom 通信。

投口腔项目，只懂得对标"某策"或"某博"。殊不知口腔医疗服务领域早已是遍地红海，机构融资一轮又一轮，"你方唱罢我登场"的表面热闹却掩盖不了口腔机构快速扩张的隐痛和财务报表的惨淡。

（2）只会看政策

政策鼓励啥就投啥。政府鼓励发展血透中心，投资人就扎堆投资血透中心。一旦政策稍有收紧，投资立马偃旗息鼓；政策鼓励发展独立医学影像中心，于是投资人都冲进去抢风口、占位置，结果没有几家第三方医学影像中心的财务报表好看。最重要的是，医学影像中心都是重资产投入，一旦失败还会空留一些不好处理的机器，投资人只能欲哭无泪。

政策鼓励发展养老产业，投资人就掀起了养老投资潮，却不知养老产业若没有靠谱的"医"作为支撑和保障根本行不通。政策鼓励发展康复护理，投资人就一窝蜂涌进老龄化赛道，投资养老机构的看不懂护理，投资护理机构的看不懂康复，投资康复机构的不懂哪个细分康复专科的增长潜力大。投资人大多还只会根据目标城市的医保和民政政策，机械地计算床效比、房租收入比和投资回报率。

> 以人口老龄化严重、医保和民政补贴政策较好的上海市为例。不少纯养老院或颐养院的处境越来越难了。
>
> 以前，老人可选择的养老机构并不多，往往只要环境

> 和服务比社区敬老院好一些，只要不是监狱式养老，老人就愿意多付点钱入住。也因此，绝大多数养老院并不缺老人入住，还有政府给的床位和房租的高额补贴，大多数日子过得蛮滋润。
>
> 而现在，老人越来越挑剔了，不仅新的老人不愿意入住了，就连住了好多年的老人也要换地方养老了。为啥？年龄大了，大多需要护理乃至康复服务了。而早年建设的养老院，大多由于物业或规划限制，无法新批护理院和康复医院，即便有内设卫生室或护理站，也解决不了医疗这个大问题。而那些新开的医养一体化机构，不仅环境和服务更好，而且价格也不贵，最重要的是，医疗配套设施更全面也更有保障，即便离儿女的家远了点，但好在交通便利、住得安心。

（3）挤不进圈子

医疗投资人搜寻标的主要靠参加各种投融资路演和相关行业会议，接触到的绝大多数标的仍是生物医药、医疗器械、远程医疗、健康管理和互联网医疗乃至 AI 医疗，而对于连锁医院、门诊部和诊所项目的接触和了解却少之又少。

身为投资人却一个月看不了几个标的，一年投不到一个靠谱的项目。于是不少投资机构合伙人、投资总监和投资经理只能频繁换工作，有的转投生物医药和医疗器械等领域，有的则被整体裁撤或被医疗集团收编。

还有投资人在投资低迷时自己创办了医美诊所，从立项、批证、筹建到装修、开业、运营整个过程十分艰辛，这只有真正从0到1办过医疗机构的人才有切身体会。投资人不禁感叹，以前站在投资人角度看医疗服务，观点大多是错的，甚至认为医疗服务连锁扩张就是个伪命题。这种观点虽有失偏颇却也不无道理。

> 2013年11月，国内多个知名企业家联合牵头成立了"中国某健联盟"，宣称以"整合市场、优化资源、规避风险、协同发展"为宗旨，充分发挥医疗健康产业中民营企业的市场开拓和经营灵活等优势，积极引进国内外先进的医学技术和医院管理经验，联合业内具有影响力的大型医疗健康企业共同发展，其首要目标就是"共享医院管理经验和服务"。但是该联盟热闹了没多久就销声匿迹了，当初声称要做的事项，如建立中国某健联盟网站和数据库、出版中国某健联盟的定期刊物和书籍、建立医学科研基地和医疗健康领域专家顾问团等，都成了空话、笑话。

可见，即使是知名企业家跨界投资医疗服务，也需要千方百计地挤进社会办医的圈子，还要学习社会办医的投资运营经验。

医疗服务投资人不要轻言"赋能"。医疗创业者融资时也要擦亮眼睛，高度警惕那些毫无运营实战经验又嚷嚷着要给你"赋能"的所谓投资人。他们往往"赋能"不行"负能"行，大多是"瞎指挥、乱支招"，还不如那些"只给钱、不添乱"的纯财务型投资人。

5.2 专科专病：投资逻辑

未来社会办医的主流方向是细分，传统的专科思维已远远无法应对细分市场的需求和变革，专病才是未来，尤其是那些"小而美"的诊所和门诊部的未来。专科专病投资都有哪些共性逻辑和决策维度呢？

5.2.1 专科投资：共性逻辑

医疗投资时看似什么专科都会投，但实际并非如此，医疗投资有3个最基本的共性逻辑：

（1）新形势下究竟谁还有资金可投

经济新常态形势下，投资医疗的资本主要有以下3种：

> ①上市公司和准上市公司
>
> 一般情况下，具备融资功能的上市公司，无论是连锁扩张还是跨界转型，往往都会选择自建和并购医疗实体。

> ②已获得巨额融资的互联网医疗公司和新兴医疗公司
> 这些公司有了资金后大多会选择打通线上线下形成闭环，要么流量变现，要么连锁扩张。
> ③大型医疗集团和知名投资基金
> 仍有资金可进行投资的大集团、大基金，多有央企或地方国资背景，且偏好二级及以上的公立医院和企业医院。

近年来，包括互联网新贵在内的顶级富豪纷纷退居二线后转型为投资人，投资方向主要集中在互联网医疗、AI 医疗、数字医疗乃至更为基础的生命科学和脑科学领域，一般很少直接投资医疗服务实体机构。但无论资本来自何方，投资都要讲回报。

（2）投资投的不是过去而是未来

投资就是投未来，和时间成为朋友。未来都有哪些趋势呢？无论我们如何预见和展望，未来趋势必然与消费升级、老龄社会、科技创新、产业融合、5G 时代、AI 应用等关键词分不开。

（3）投资要看大环境和政策方向

医疗投资务必要关注以下两个核心政策问题：

> ①支持社会办医的政策导向是什么？明确鼓励和支持社会资本参与和发展的专科和细分领域具体都有哪些？
> ②在医疗投资实践中，该如何理解"在基本医疗卫生服务领域，政府要有所作为，在非基本医疗卫生服务领

域，市场要有活力"？

基于以上逻辑，消费医疗专科、高精尖专科和老龄化专科无疑都是资本投资的大热门。其中，满足消费者美好生活需要、符合消费升级大趋势的消费医疗，成了各路资本最为火爆的投资赛道。

> ①在医疗产业相关的上市公司中，为了打通产业链实现产业融合，眼科、口腔、医美、体检、辅助生殖等消费医疗专科都是热门投资赛道。跨界资本尤其是上市公司投资医疗领域也大多集中在眼科、口腔、医美、儿科等专科。在已获得巨额融资的新兴连锁医疗集团中，主营业务大多也属于消费医疗领域，如儿科、新心理、新中医、新康复等专科。
>
> ②政策明确支持的专科，除了属于高精尖专科的肿瘤和老龄化专科的康复、护理等，大多数属于消费医疗领域。2019年2月19日，国家发改委等多部门联合印发《加大力度推动社会领域公共服务补短板强弱项提质量促进形成强大国内市场的行动方案》，明确支持社会力量深入眼科、骨科、口腔、妇产、儿科、肿瘤、精神、医美等专科以及中医、康复、护理、体检等领域。其中，骨科、精神和中医也已细分发展出了新康复、新心理和新中医等新兴的消费医疗专科。

> ③ 5G 时代，互联网医疗结合 AI 技术将得到广泛的应用和发展，仅从应用场景和医患友好度上看，消费医疗的诸多专科也有显著优势。在迅速升温的数字医疗领域，眼视光、新心理、新中医、新康复、皮肤美容、健康管理等专科和领域也大有可为。消费医疗的目标客户群体大多以中青年尤其是 95 后年轻人为主，他们恰恰是在互联网时代中成长和壮大起来的主流人群。

消费医疗的主流业态是"小而美"，大资本尤其是上市公司投资消费医疗领域时，大多会选择具有一定规模和体量的区域型连锁机构。

除了消费医疗专科，资本投资医疗的热门赛道还有肿瘤、脑科、肝脏移植、血液病、心脏外科等高精尖专科，或者以这些专科为主业的二级及以上的综合医院，以及骨科、康复、老年护理和医养结合等老龄化专科和领域。

高投入、重资产、大体量的高精尖专科和老龄化专科，基本都属于奉行长期主义的大资本、大集团的投资范围。曾经热闹非凡的企业医院改制，则是资金实力雄厚的国资医疗集团的主战场。

5.2.2 专病选择：四个维度

站在投资和运营角度，专病选择应从以下 4 个维度进行思考，如图 5-1 所示。

图 5-1 专病选择的 4 个维度

（1）市场维度

市场维度主要看市场容量，具体包括市场的宽度、长度和高度。市场宽度，除了要考量本地的现有市场外，还要考量跨地域市场；市场长度，主要考量病种的延伸度和扩展度；市场高度（又称市场成长度），即某病种在未来具备多高的增长空间。

病种的市场宽度、长度和高度往往具有交叉性，只有综合考量才能清晰地看到其市场总容量。

（2）疗效维度

人类已知的疾病大致可分为 3 大类：治不好的、不治也能好的和能治好的。治不好的病种属于前沿科研范畴；不治也能好的病种大多属于"收智商税"病种；能治好的病种包括临床能治愈和症状能改善的疾病，即通过现代或传统的医疗技术和手段能实现确切疗效的病种,这种技术和手段应该是可重复验证且有理论依据支撑的。

疗效维度除了能解决医学合理性和商业伦理性问题,还能解决市场和运营问题。没有确切疗效的病种,短期或许能够欺骗消费者,但长期必然不可持续。在信息越来越透明化的新时代,无口碑传播属性的病种,势必没有多少市场空间。

(3)经济维度

投资和运营的主要目的之一是营利。所以病种选择要考量经济维度,主要考量病种的3种属性:

①是否具有均次价值性(单价高)。

②是否具有重复消费性(复诊率高)。

③是否具有集约效率性(成本低、时间短、周转快)。

这3种属性不是完全独立的,它们既可以交叉又可以集合,只是各自的侧重点不同。能集合这3种属性的病种自然是首选,如皮肤美容、注射微整形就具备这些特征。

经济维度与支付模式紧密相关。如果是自费病种,均次价值性、重复消费性和集约效率性都要考虑;如果是医保病种,就要视情况而定。近些年来,在国家医疗保障局推广 DRGs[①]、

---

① DRGs:实质上是一种病例组合分类方案即根据年龄、疾病诊断、合并症、并发症、治疗方式、病症严重程度及转归和资源消耗等因素,将患者分入若干诊断组进行管理的体系。——编者注

DIP[①]付费制度和药品耗材集采政策的前提下，投资人可重点考虑集约效率性，选择那些符合医保控费趋势且高发病率的病种，从而实现病种的经济性。

（4）策略维度

策略维度是个既被重视又容易被片面看待的思考维度，具体包括自身维度、对手维度和目标维度3个维度。

自身维度，即客观分析和评估自身的基础、资源和能力。例如，有些病种别人能做，自己未必能做；对手维度，主要看竞争对手的多少、强弱；目标维度相对复杂，是指投资人在策略性地选择病种的基础上，还要考虑特定时期的随机应变。

目标维度与自身维度、对手维度紧密相关，属于经典管理学范畴。在经济下行的形势下，社会办医的首要目标无疑是"活下去"，在病种选择时不得不考虑短期目标，而在策略选择上，做精做细要好过做大做强，脚踏实地造血要胜过靠画饼输血活命。

> 以上海某综合医院为例。该医院地处郊区，通过开设老年护理病房而获得了医保定点资质。该医院临街有长期

---

① DIP：是将区域点数法总额预算和按病种分值付费两者相结合而成的一种新型医保支付方式，就是运用大数据技术对病种进行分类组合后赋予相应的分值，在总额保持不变的前提下，配以相应的点数后结算。——编者注

> 闲置的门面房，遂引进眼科市场团队开展眼视光业务，但该眼视光项目一直处于亏损状态。院方当初之所以选择眼视光业务作为突破口，主要是考虑到眼视光市场够大、疗效确切、单价较高且不依赖医保等因素。

此案例中，从市场、疗效和经济3个维度看，眼视光业务都符合病种选择的要求。唯一不符合要求的是策略维度，无论是自身维度、对手维度还是目标维度都存在问题。

> ①该医院离核心商圈较远，周边居民的消费层次不高，显然不适合开展高单价和高复诊率的眼视光业务。
> ②该医院主要客群是老年人，而眼视光业务的主要目标人群是儿童和青少年。
> ③其眼视光业务的竞争对手不仅有眼科医院，还有眼镜店、视光中心和眼科门诊部。

作为长期靠医保生存又没有消费医疗运营经验的综合医院，选择引进眼视光业务无疑跑错了赛道。

鉴于该医院的实际情况，如果要探索消费医疗，应该优先选择口腔科而不是眼科。口腔业务不仅市场、疗效、经济和策略4个维度都符合，还具有更长远的发展性。如果非要发展眼科，首选的也应该是白内障病种而不是眼视光业务。因为无论是口腔科还是白内障病种，其主要目标客户都是老年人。相较于那些没有医保资质的独立口腔门诊部和诊所，口腔内科部分的基础项目费用可以用医保进行报销,对老年患者而言相当于享受了优惠待遇。相比于高复诊率、高单价又无法医保报销的眼视光业务,白内障病种不仅可以用医保报销,还是一次性的手术病种。因此,该医院若选择拓展口腔科或白内障病种业务,既可充分利用闲置资源,又可显著弱化医院的区位劣势。

病种选择要学会多维度思考,既要避免因受专长和经验等沉没成本拖累而限制了选择空间,也要避免不顾自身实际地一味追求热门,从而丧失了更好的发展机遇。

5.2.3 医疗投资:五大深坑

医疗投资难免会掉坑,其中主要有五大深坑,如图5-2所示。

- 高度依赖医保的专科
- 专家和高管无实质股权的标的
- 高固定资产占比的医院
- 概念多于实质的标的
- 有专家无职业经理人的标的

图5-2 医疗投资五大深坑

(1)高度依赖医保的专科

医疗投资要先看付费方。医保基金的现状决定了相关职能部门从严从紧监管是必然趋势。早期靠潜规则乃至"骗保、套保"冲高业绩的手段势必行不通了,即便是合理合规收费,医保类专科的未来增长空间也会大大受限。

在这种形势下,投资人可能会问,眼科热门赛道还能投吗?这要视标的具体情况而定。传统靠白内障手术(通过集中筛查和优惠免费来获客)和屈光手术(通过网络竞价来获客)两条腿走路的眼科医院,经历过野蛮生长、高歌猛进后,已逐步逼近业绩天花板,所以此类眼科医院尽量不要碰。以眼视光、眼底病(玻璃体切除、眼底注射、眼底激光等)和角膜移植等细分病种为主业的眼科医院以及新兴的眼视光连锁门诊部或诊所,依然值得关注和投资。

(2)专家和高管无实质股权的标的

很多医疗机构有专家团队,也有运营管理团队,往年业绩也不错。然而,在合伙人时代,如果核心专家和高管没有股权,那么核心团队的稳定性和业绩增长的持续性就很难保障,机构未来的发展前景堪忧。

我们可以从以下两个方面来界定无实质股权的医疗机构:

①专家和高管团队股权占比过低,如团队整体占比低于30%。

> ②团队只有期权没有股权,即无实质性的投票权和决策权。很多医疗集团包括上市公司纷纷推出的合伙人计划,只是核心团队薪酬计划中的一种补偿机制,其所谓的合伙人也并非真正意义上的合伙人。

(3) 高固定资产占比的医院

高固定资产占比的医院大多是早期资本拍脑袋"买买买、建建建"后留下的,也有很多是烂尾楼转型包装的。这类医院的共性问题是,资金投入大,多为综合医院,无优势专科或特色专病支撑业绩,专家和运营团队均无亮点,营收规模和资产规模不匹配。此类医院千万别碰,一旦掉坑就很难脱离。

(4) 概念多于实质的标的

不少医疗机构,特别是处于初创期的医疗机构往往会包装出诸多概念。例如,著名公立三甲医院合作单位、国际知名医疗集团参与建设和管理、国内顶级专家强势加盟、斥巨资引进当地为数不多乃至唯一的国际先进设备、医院设计理念领先或接轨国际,等等。然而,这些概念与医院是否值得投资并没有直接关联。

投资看中的是实质而不是概念,主要看学科病种靠不靠谱、团队能力行不行、覆盖区域市场够不够大、财务报表预期表现好不好看。

（5）有专家但无职业经理人的标的

医生群体已逐步走出体制，正在迈向多点执业、区域执业和自由执业的进程中。知名专家即便很难全职引进，也可以采用顾问、会诊、多点执业等兼职方式进行人才引进。然而，靠谱的医院职业经理人比知名临床专家都稀缺，而且还不能像临床专家那样可以兼职"多点执业"。

医疗专家大多仅擅长临床业务，习惯按照公立医院模式来管理科室和医院，对医院运营尤其是"病种产品化"的逻辑缺乏认知，容易陷入"有管理无运营"的困境，从而不利于医院的可持续性发展。资本若投资了"有专家、无运营"的医院，大多很难获得合理的回报。

5.2.4 尽职调查"六看"法

尽职调查（审慎调查），指投资人在进行投资之前应对目标标的的资产和负债情况、经营和财务情况、法律关系以及目标标的所面临的机会与潜在的风险进行的一系列调查。

投资人在对目标医疗机构进行尽职调查时，应重点查看6个方面，如图5-3所示。

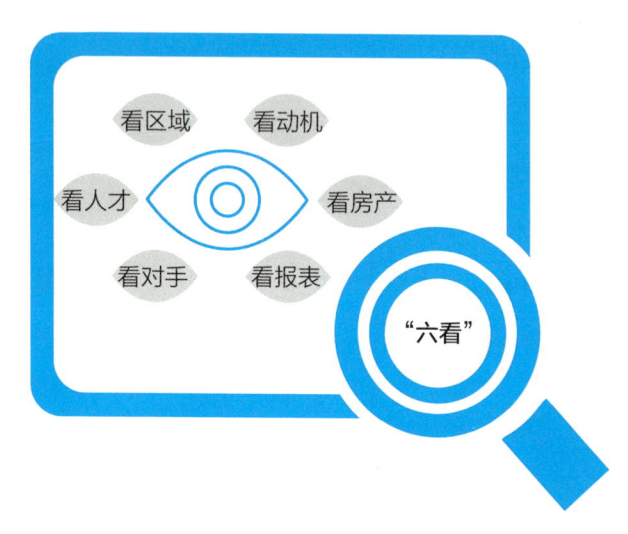

图 5-3 尽职调查"六看"法

(1) 看区域

不少投资人过于关注标的本身而往往忽略了区域层面，特别是当标的业绩较好时，就更容易忽视区域市场空间的重要性。即便是主营业务相同、营收和利润规模相当的两个医院，只是所在的区域不同，其投资价值也可能存在很大的差距。

看区域主要应关注两个要素——人口和医保。这两个要素决定着未来市场的增长空间。专科医院一般要求覆盖到100万人口，综合医院至少要求覆盖到50万人口。对于以基本医疗服务为主业的医院，其生存和发展主要取决于该医院有无医保资质以及当地的医保基金的额度是否充足。即便是不依赖医保生存的消费医疗，也要关注医保情况。如果当地医保基金已亏空或有亏空的趋势，往往意味着该区域的人口老龄化严重、年轻人口外流和经济发展后劲不足，那么在此地开展消费医疗也很难有大的发展。

（2）看人才

看人才，主要看以下几个方面：

> ①专科带头人的业务水平和年龄大小。
>
> ②人才梯队结构是否合理以及与主营业务之间的匹配度。
>
> ③有没有专业的运营管理团队。
>
> ④业务和管理骨干是否持股，他们的劳动合同期限、年薪待遇。

在尽职调查阶段，调查人要择机与骨干人才分别做单独的深入沟通，了解其内心诉求、期望年薪和职业规划，从而综合评估其稳定性。

（3）看对手

区域市场空间有了，还要看对手。一般来说，全部的市场份额很难让一家医疗机构独吞，即使标的处于区域垄断地位，未来也很难保证不被分一杯羹。

看对手，要根据其主打专科和病种来看，有时还不能仅仅局限于本地区域。例如，医院的主营业务是肿瘤等大病，看对手时就应扩大到更大的行政区域。若医院在县城，至少要扩大到所在的地级市乃至周边医疗资源相对丰富的城市；若医院在市区，可能还要扩大到省会城市乃至省外区域的医疗高地。

（4）看动机

看动机，即要了解股权转让的真实原因。一般来说，医疗机构的股权转让无非有以下 3 个原因：

> ①股东内耗严重
>
> 例如，股权结构不合理，机构内长期无实质大股东，陷入"谁说了都算，谁说了都不算"的决策困境；股东内部存在纠纷或诉讼情况。
>
> ②运营能力不足
>
> 例如，区域市场内有新晋的强劲对手；当地医保基金不足，医院医保总额被严控，拓展自费专科或病种又有心无力；创始人年纪大或身体不好，子女又无法接班。
>
> ③医院违规违法
>
> 例如，已被或担心会被巨额罚款、吊销科室执照或取消医保资质甚至暂停营业等。

以上 3 个原因均为常见动机。其他动机多为借口，投资人需要加倍警惕。

（5）看房产

看房产，重点是看房产是自有还是租赁，医院或周边有没有可能被改造或拆迁。

如果是自有房产，要搞清楚以下两个问题：

①所占的土地是划拨地还是出让地？

②土地用途性质是医疗卫生用地还是商业用地？

如果是租赁房产，要搞清楚以下几个问题：

①房东是谁？有没二房东？产权是国有的还是私人的？房产是否被抵押？

②租约签多久？距离租期结束还有几年？能否续约或到期正常续租？租金如何递增？有没有补充协议？有没有分解租金？

③房产处在什么区位？是否有停车位？交通是否便利？有无临街门面？转租物业是否有可能收回？

④房产内部结构能否满足功能区域重新划分和装修改造的需要？是否有电梯？能否满足未来学科发展和业务扩容的需要？层高是多少？能否满足手术室改造和大型设备进场的需要？

……

（6）看报表

看报表，重点看股东真实结构和财务报表。

社会办医比较特殊，如果是非营利性机构，那么股权多为内部协议，且协议还可能有几个不同的版本；如果是营利性机构，那么工商登记的股东还可能不是实际的受益股东。

看财务报表的重点是以下两点：

223

> ①收入结构
>
> 一方面，收入造假的可能性不大，对公可能少报（如隐藏收入以期少报税），对私很难多报；另一方面，收入结构能反映医院的学科发展结构和运营的真实水平。
>
> ②成本费用
>
> 对于成本费用，重点看是否计提了房屋和固定资产折旧？有没有虚增或少计成本或费用？员工的社保和个税是否缴足？医院是否合规纳税？有没有隐蔽的支出和费用？有没有关联交易（如药品耗材等物资供应由亲属负责）？等等。

"六看"法虽然实用，但是不可一味地追求"六全"。真正要转让的医疗实体，总有这样或那样的问题，轻则瑕疵，重则深坑。因此，投资医疗领域要懂行，如果不懂行，务必要找个懂行的人一起考察评估。

5.2.5 用全新视角看待投资风险

任何投资均有风险，医疗投资亦是如此。消费医疗涉及范围广，至少涵盖了十多个细分专科和领域，不同时期还会轮换不同的投资热点。在特定的时代背景和经济形势下，消费医疗领域中哪些专科的投资风险相对较低呢？这里提供一个人人都能掌握的全新视角，即看该专科领域是否正处在生活级机构大规模、成体系地转型为医疗级机构的大变革阶段。

> 有生活级机构，表明该领域天生具备消费属性。
>
> 大规模成体系，反映该消费领域的市场够大。
>
> 转型为医疗级机构，意味着该领域的消费趋向理性和规范，逐步向医疗消费升级。

通过这个视角，我们可以轻松地识别出消费医疗领域中的"四大金矿"——眼视光、轻医美、新康复和新中医。

（1）眼视光

眼视光领域，前有满大街的大小品牌眼镜店，后有趁势崛起的连锁视光中心和视力保健机构，这些都是生活级机构。不少连锁眼镜店、视光中心和视力保健机构已经主动或被动地寻求转型升级，如转型为眼视光诊所或门诊部或少儿眼科机构。如果生活级机构不转型，要么客源会逐步流失，生存变得愈加艰难，要么涉嫌违法违规，迟早会被监管部门强力整顿。

（2）轻医美

轻医美泛指通过无创或微创方式来满足消费者求美诉求的医疗美容项目，主要包括注射类微整形和光电类皮肤美容。不少生活美容机构包括只升级了一半的所谓"科技美容机构"，在赚快钱的利益驱使下，违规违法地开展不少轻医美业务。但如今的医疗美容市场监管越来越严格，非法医美越来越难生存。作为已有足够黏性客源基础的生活美容机构，与其给专业的医美机构当渠道导流，还不如申请医疗牌照自己干。

（3）新康复

新康复项目主要包括运动康复（骨科康复）、疼痛康复、产后康复、中医康复和儿童康复等。健身馆私教工作室，运动员的专业医疗团队，骨科医师、康复科医师和技师的康复工作室，美容院和月子会所的产后康复，还有中医养生机构、儿童推拿按摩店等，这些都不属于医疗级康复机构，但其客户都是新康复项目的目标服务人群。

消费持续升级，市场竞争加剧，政策东风鼓励，三股合力推动，医疗级新康复机构应运而生，尤其是在一线城市（含新一线城市）的新康复机构，未来可期。

（4）新中医

新中医项目主要是与传统中医医院、综合医院中医科和生活级中医养生机构做区分，它不仅有推拿按摩和针灸艾灸，还能治病，部分费用也能用医保报销。新中医主要业态包括中医诊所和中医门诊部业态以及新型"互联网+"中医连锁机构，除了可满足患者的中医常规门诊诊疗和互联网复诊客户的中医服务需求，还可满足患者的非基本需求，包括治未病、养生保健和中医美容等，注重服务的专业性和消费体验感。

以上四大"金矿"中，眼视光和轻医美项目自然不能靠医保，但新康复和新中医并不排斥医保。如果机构拥有医保定点资质，那么不仅有医保患者作为基础门诊量的支撑和保障，更可从中筛选出中高端收入客户群体，从而为自费业务增加潜在的客户群。

任何投资最终都是要退出的，区别只是在于退出的形式不同和时间长短而已。正因为生活级连锁机构大规模、成体系地转型为医疗级机构，投资眼视光、轻医美、新康复、新中医等消费医疗专科也就有了更多的退出机会和选择。

5.3 投资选择：预判评估

医疗投资越来越难，要求投资人必须具备很强的综合能力，尤其是要具备对专科专病、新领域、新业态的预判评估能力。本书在这里分别对热门的专科专病做出了预判和评估，供医疗投资人和医疗创业者参考。

5.3.1 眼视光：后疫情时代更值得投资

过去十多年来，眼科一直是医疗投资领域的热门赛道，多家眼科连锁医院集团相继成功上市或被上市公司并购，更将眼科风口推向历史高峰。近年来，搜索竞价广告式微、暴力营销不可持续和医保支付红利消失，无不预示着消费医疗包括民营眼科医院业态将迎来重大转型变革，与之相伴随的行业阵痛在所难免。

（1）眼科医院的红利时代结束

过去很长一段时间，眼科医院病种运营模式离不开"三大招"——"要吃饱靠老白（白内障）、要吃好靠屈光（近视手术）、要未来靠视光（近视防控）"。然而，种种迹象表明，自 2021 年起，眼科医院的红利时代结束了！

眼科医院都有哪些时代红利呢？一是人口红利，白内障专科有老龄人口防盲任务的巨大存量消化红利，屈光矫正专科有改革开放以来的庞大成年人口红利；二是支付红利，白内障专科主要有医保支付红利和残联、慈善组织和扶贫组织等公益援助红利，屈光矫正专科有经济高速发展带来的居民收入倍增红利；三是营销红利，白内障专科有筛查模式红利，屈光矫正专科有网络广告和渠道介绍的双重红利等。

近年来，这三大时代红利都面临着巨大挑战。以眼科医院"吃饱靠老白"的白内障病种为例，其入口模式已显著受限。过去，白内障入口模式之所以能风靡全国，主要依靠三样"百试不爽"的营销利器，即"社区乡镇筛查、优惠免费手术和车接车送便利"，从而形成了"高效解决病种入口问题"的可复制模式。但如今此三样利器的耀眼光芒已日见暗淡，主要原因有以下几点。

① 白内障筛查活动可视为义诊

根据有关规定，义诊活动需事先到当地卫生监管相关部门进行备案。但大多数眼科医院开展的筛查活动都并未备案，即便有备案也很难做到每场活动都进行备案。即"义诊无备案"，很可能涉嫌违规。

② 筛查人员资质不齐全很常见

筛查人员无论是以健康教育身份还是以公益志愿身份，大多仍是非专业出身的市场营销人员。具备资质的眼科医生、眼科护士、视光师和验光师原本就稀缺，可以偶尔领衔客串，但不可能全职或长期在外跑市场。即"人员无资质"，涉嫌非法行医。

③ 筛查活动多有附赠配套福利

筛查活动要想有"立竿见影"的效果，往往会附赠"优惠免费、车接车送"等福利，然而"涉嫌变相降低入院门槛、诱导患者入院手术"，正是各省市"骗保、套保"严打行动中的重点查处对象。即"医保涉违规"，甚至还可能会涉嫌"不正当竞争"。

再看眼科医院"吃好靠屈光"的近视手术业务。无论是全飞秒、半飞秒、准分子，还是ICL晶体植入手术，近视手术都要求患者年满18周岁方可实施。然而，当前棘手的问题恰恰就是成年的年轻人口数量正在不断下跌。

> 据国家统计局数据显示，自1949年后，第三次年出生人口低于1600万的是在2003年，前两次则分别是1960年和1961年（正是三年自然灾害之年）。2003年是人口红利时代的重要转折点，此后每年的出生人口数虽有所反弹，但再也没有超过1800万，2019年更是低于1500万，2020年和2021年的出生人口数据则接连创下新低，分别只有1200万和1062万。2021年，正是2003年出生人口刚满18周岁之年。这就意味着，未来的屈光市场增速也将趋于放缓。

经济"新常态"形势下，人们的收入水平增速也开始变缓了，甚至收入还可能会下降，老百姓的钱袋子也没有以前鼓了。屈光矫正作为高单价的纯自费项目也面临着目标客户支付能力下降的风险。原先所依赖的网络和渠道获客模式，竞争越来越激烈，成本也越来越高，最终导致性价比越来越低。

眼科医院的红利时代结束了，但并不意味着新建的眼科医院都没机会了，在特定区域尤其是在经济发达地区的县域市场还有投资机会；同时也不意味着白内障专科和屈光矫正专科的需求没了或少了，而是增速显著下降了，其实它们的需求总量还很庞大，只是支付和营销红利不存在了；更不意味着眼科医院都得关门大吉，而是说明眼科医院的市场格局已定，靠时代红利赚钱的好日子已一去不复返了。在"巨头通吃"的时代，多数单体或区域性连锁的眼科医院仅剩被抢先上市的眼科连锁集团和眼科产业链概念股并购的机会了。

（2）视光门诊红利时代开启

随着眼科医院红利时代的结束，视光门诊的红利时代开启了。

> ①视光需求更具有广泛性和层次性
>
> 后疫情时代，也是移动互联网加速普及和深度渗透的时代，不仅儿童和青少年的近视问题更加严重和突出，而且几乎所有人都离不开网络和视频终端了。除了线上娱乐和社交，线上工作和学习也得到了前所未有的推广和普及，手机、iPad、电视等设备的亮屏时间也更长，这些无疑都促使视光市场的需求暴涨。
>
> 长期以来，人们对眼科的就医需求仍主要停留在"怕瞎"（如各种眼外伤、网脱、白内障等）、"怕痛"（如青光眼的胀痛、倒睫的刺痛）、"怕痒"或"怕红"（如结膜炎等炎症）、"怕丑"（如斗鸡眼等影响美观的问题）等基本需求层面，而眼部预防保健、定期眼部体检、视觉舒适体验、视觉质量提升等高层次消费观念远未普及。在消费升级时代，人们以基础眼病为主的眼科需求将逐步升级为更高层次的视光需求。更何况，视光业务还可与结膜炎、角膜炎、干眼、倒睫等常见眼病互为流量入口。

②视光业务更适合"小而美"业态

眼科和口腔科的业态发展路径截然不同。口腔科基本是先有"小而美"的口腔诊所和门诊部业态。近年来，已有部分口腔连锁集团转向"大而全"的口腔医院业态。而眼科则恰恰相反，最早几乎是清一色的"大而全"眼科医院业态，近年来才开始转向"小而美"的眼科诊所和门诊部。其实"小而美"正是眼视光的最佳业态。

从中长期看，社会办医的主流必然是消费医疗，消费医疗的主流业态是"小而美"门诊部和诊所。在消费医疗的诸多专科中，以视光为主业的"小而美"眼科连锁机构的发展前景更为广阔，其投资优先级甚至要超过医美和口腔等热门专科。

③视光业务更适合"八爪鱼"式连锁

"八爪鱼"连锁模式是本书首度提出并命名的同城"1+N"式垂直连锁模式，有别于大多数连锁医疗集团走的异地平行式连锁模式。视光连锁机构的同城布局，对于儿童青少年而言，好比课外培训班，对于成年人而言好比品牌眼镜店或美容美发店，跨区也能获得同一个连锁品牌的服务。

消费医疗的各专科中，口腔和医美等专科连锁布局也可以走同城"八爪鱼"连锁模式，但是口腔和医美等专科的竞争更为激烈，以视光为主业的眼科门诊部或诊所才刚刚开始，其连锁布局的选择空间和发展空间都要更大。

④眼视光业务的线上替代性更大

针对儿童青少年近视、斜弱视以及成人视疲劳、老花眼等业务，有望在眼视光医生或视光师的远程指导下实现线上验光配镜、居家视觉训练等。特别是在5G时代，眼视光业务结合AI医疗，以AI眼镜和护目镜等功能型眼镜为代表的可穿戴智能设备，可实时监测和传输眼健康数据到云平台，让用户可轻松获得个性化的眼保健服务等。5G技术应用无疑会加速其线上化进程，更有可能实现全周期、全人群的眼健康管理。

相比口腔、医美等消费医疗专科，眼视光业务的线上替代性更大。除了口腔正畸业务有可能实现部分线上替代，口腔业务和医美业务大多只能停留在线上轻问诊等咨询服务上。

目前，"小而美"眼科门诊部和诊所业态的参与者主要有6类：一是眼科连锁集团；二是角膜塑形镜生产商；三是跨界资本；四是医生和运营创业者；五是眼科器械商；六是眼镜店主和视光中心转型者。这6类参与者各具优势和特色，但商业模式都尚未成熟。可以预见的是，以视光为主业的眼科连锁门诊部和诊所的商业模式一旦探索成功，完全有可能成为继眼科连锁医院和以屈光为主业的眼科连锁门诊部之后的又一个 IPO 热门细分赛道。

5.3.2 干眼病种会成为下一个热门赛道吗？

干眼病种会成为一个大市场吗？本书认为会。尽管现在还不是个好赛道，但未来极有可能会成为继白内障、屈光、视光等专科之后又一个眼科细分赛道新风口。

干眼病种有望成为大市场的判断逻辑主要基于"病种产品化"三要素。干眼病种的"筛选"和"定价"都没有大问题，最大的问题是"入口"，即尚未形成高效解决病种入口的可复制模式。

干眼是一种疾病，更是一种烦人甚至折磨人的慢性疾病。依病情程度，干眼病大致可分为轻度、中度、重度 3 个等级，主要临床表现为眼干、眼涩、眼痒、眼红、泪眼，以及眼部有烧灼、异物、针刺等感觉甚至视物模糊、视力下降等。

人们对疾病的普遍认知向来是"重急性、轻慢性"。例如，儿童近视其实是一种比感冒发烧更严重的慢性疾病，但绝大多数家长对小孩感冒发烧的重视程度要远远高于小孩近视。对干眼的认知更是如此。

正因为干眼具备"慢性"和"易被忽视"的特点，治疗手段又大多仅能起到缓解和改善作用，还很难得到根治，无法像白内障、屈光和视光等疾病的治疗效果那样立竿见影,从而给病种入口模式的探索增加了诸多难度。临床上,大多数患者的轻度干眼久拖不治,初次就诊往往就是中度乃至重度干眼了,不仅徒增治疗难度,治疗效果也难以达到预期。

干眼的主要治疗手段有物理(热敷、按摩、清洁等)、药物(人工泪液、激素、抗生素、润滑剂、免疫抑制剂等)、手术(泪小点栓塞术、角膜移植等)。近年来,新治疗手段不断涌现,主要有强脉冲光治疗(原先主要用于医美)、热脉动治疗等新技术。经临床证实,运用新技术辅助治疗中度和重度干眼,有效且安全。

市场上已有不少公立三甲医院和民营眼科连锁集团开设了干眼诊疗中心,有部分品牌连锁眼科医院单月的干眼项目收入近百万元,全年创收达千万元,但总体上还没有形成大气候。其根本问题不在于需求、技术,也不在于定价、支付,而在于干眼的"病种入口"模式尚未形成。

究竟该如何解决干眼的病种入口问题呢?

干眼市场在推广前期主要靠干眼治疗设备供应商"既当爹又当娘"的科普宣教来造势。

①在设备销售上,干眼治疗设备商应尽可能地采用灵活的合作模式。例如,高价的干眼治疗设备可合作投放或推广试用,高性价比的睑板腺检测设备可低价甚至免费提

> 供给相关机构开展干眼筛查活动，让"小而美"眼科门诊部或诊所能以低成本试水新兴的干眼市场。
>
> ②在样板打造上，干眼治疗设备商可选择一二线城市的大中型眼科医院、公立三甲医院眼科中心或有医生和运营团队优势的眼科门诊部或诊所，合力打造干眼诊疗中心示范样板。干眼病种具有高单价、高复诊率特征，尤其是干眼诊疗新技术的收费较高，有的单次治疗15分钟就需要数千元。显然，一二线城市的干眼市场需求更大，患者的付费意愿和支付能力也更强。
>
> ③在入口赋能上，干眼治疗设备商不能只是停留在传统的患者宣教和学术营销层面，还应在落地策略上协助眼科医疗机构打通入口、以点带面，而不是隔靴搔痒、面面俱到。

眼科医疗机构尤其是专业眼科医院，除了常见的网络推广宣传外，还可探索以下几种入口模式：

> ①在白内障、屈光、视光等专科已有的患者池中挖掘患者的干眼治疗新需求。
>
> ②和当地品牌连锁体检机构合作，增设睑板腺检查、螨虫检测等干眼相关检查项目。
>
> ③与美容机构、养生会所、视光中心、视保中心、品牌眼镜店等进行合作，开展眼部水疗等体验项目等。

找入口，通俗讲就是"目标客户在哪儿，就去哪儿找客户"。干眼患者大多集中在成年女性（化妆、激素水平变动、日常炒菜等）、白领（电子屏幕依赖症、干燥空调房）、隐形眼镜佩戴者和中老年人（睑板腺功能降低、泪液分泌功能减退、白内障、青光眼、糖尿病、关节炎等）这些群体中。

据初步统计，全国范围内已有近 2000 家眼科门诊部和诊所，但大多数运营情况并不理想。那些运营较好的眼科门诊的主业大多是屈光而不是视光，个别以视光为主业且业绩较好的眼科门诊，其利润也主要依赖 OK 镜业务，其商业模式仍不具备可复制性。

眼科和视光同行都面临着一个现实困惑——单靠视光乃至 OK 镜一条腿走路的眼科门诊究竟能走多远？尤其是在 OK 镜验配仍受到"二级医院"封印限制的政策环境下，眼科门诊最好是两条腿走路，那还有一条腿是什么呢？

有的眼科门诊走"屈光 + 视光"道路，主营病种都是近视。这种模式有病种聚焦优势，但也有显著不足。

①屈光手术和视光业务的目标客户是两个年龄段群体，屈光手术主要面向年满 18 岁的成年近视人群，而视光业务则主要面向儿童等未成年近视人群。

②逻辑上，视光业务的目标人群成年后也有部分可转化为屈光手术客户，但转化主要靠"等待"，这个过程不

> 仅漫长还不可控。
>
> ③仍有部分省市如江苏省仍限制眼科门诊部开展屈光手术。即便大多数省市的眼科门诊部可以开展屈光手术，但也面临着来自起步更早、实力更强的眼科医院的激烈竞争。

更多的眼科门诊走的是"视光+弱视"道路，主要目标人群都是儿童和青少年。这种模式的优势是病种关联度较高，目标客户画像相对统一，但也有其显著不足——即便组成了"两条腿"，大多也是瘸腿。

> ①弱视发病率与近视发病率差距悬殊，属于典型的长尾病种。
>
> ②弱视有治疗黄金期，一旦错过黄金治疗年龄段，治疗效果大多不佳。
>
> ③弱视和视光类似，不仅面临着来自眼科医疗机构的竞争，还面临着诸多来自生活级机构的竞争。

还有的眼科门诊走"视光+眼病"道路，与市场主流偏向消费的定位不同，定位为"少儿眼科"或"儿童眼科"，注重医疗专业属性。其逻辑是以眼科全科建立专业信任度，将视光作为综合解决方案之一，从而获得目标客户的青睐。这种模式也存在以下问题：

> ①该模式虽然看起来很好，但尚未得到市场验证，也没形成可复制的入口模式。

②相比眼科门诊部，眼病患者尤其是眼科全科的各种患者对眼科医院的信任度和忠诚度要高得多。

③该模式对眼科医生的依赖度较高，扩张节奏往往受制于眼科医生紧缺。

可见，以上 3 种"两条腿"模式都不太理想，眼科门诊部和诊所比较理想的两条腿模式或是"视光＋干眼"，主要理由有三。

①干眼日益成为成年人高发眼病之一，不少人的干眼症状已逐步从轻度向中度乃至重度发展了。作为视频终端综合征的高发人群，这些患者不仅有消费能力，还有实际就诊意愿和行动。

②干眼的目标人群大多已为人父母。作为带娃主力的母亲和老人，恰好也是干眼的高发人群。这就意味着，"孩子看近视，家长看干眼"是未来有可能实现的消费场景组合。例如，在孩子验配、试戴 OK 镜或复查的等候间隙，家长可体验眼部 SPA 或做个干眼筛查和治疗。

③干眼和近视都具备高单价和高复诊率属性，大多与不良用眼习惯有关，除了需要运用医学手段干预外，还需要患者调整日常用眼习惯。例如，一般要求干眼患者每天视频终端用眼累计不超过 4 小时，平时还需要有意识地多眨眼；要求中小学生保证每天累计 2 小时的户外活动时间，

> 连续用眼20分钟，休息20秒，远望20英尺（约6米）以外的地方。这些无疑都是逆人性的"强自律"要求，绝大多数人很难做到严格遵守医嘱，从而进一步推高了干眼和近视的需求刚性和客户黏性。

将干眼作为眼科门诊的另一条腿，还有两个显著优势：

> ① 获客引流优势
>
> 以视光为主业的眼科门诊，业务周期性特征极为明显，门诊高峰期往往集中在周末、寒暑假和节假日，工作日反而是"门可罗雀"。干眼业务发展趋势偏向消费，在获客引流上具备优势，尤其是核心商圈眼科门诊的获客优势更加凸显，商圈周边写字楼里的白领人群和中高端社区居民正是干眼的潜在目标人群。
>
> ② 医生转型优势
>
> 专业的眼视光医生或懂视光的眼科医生极其稀缺。对于大多数擅长传统眼病的眼科医生而言，转型视光堪称转行。不少眼科医生仍习惯将视光当作验光师、视光师就能胜任的技师类业务。相比起视光领域，眼科医生对干眼的认知更深入，转型也更容易。

可预见的是，干眼有望成为未来眼科细分领域里的又一个热门赛道。尤其在"小而美"业态崛起的新时代，眼科门诊部和诊所或可探索出"视光＋干眼"两条腿走路的成功模式。

5.3.3 新康复：消费医疗的又一"金矿"

投资人看消费医疗，大多把目光聚焦在医美、口腔、眼科、产科、体检、儿科、新心理、新中医和辅助生殖等专科。近年来，新型康复门诊部和诊所（简称"新康复"）异军突起，成为消费医疗领域创业和投资的又一热门赛道。

一般而言，新兴学科和交叉学科如疼痛科、运动医学科，以及需要"MDT"（Multi-Disciplinary Treatment，多学科团队会诊）的细分专科和常见病种，将是未来医疗服务投资的重头戏。新康复糅合了康复医学科、运动医学科、骨科、疼痛科、中医科、妇产科，以及体育健身等诸多学科和领域，属于典型的追求功能、疗效和体验价值又不依赖基本医保生存的消费医疗细分领域。

新康复主要针对不良生活习惯、骨科术后、运动、分娩等各种原因导致的颈肩腰腿痛、脊柱侧弯、关节疼痛、骨科康复、运动损伤、产后康复等所做的诊断、治疗和训练；它遵循循证医学和最小损伤的理念，优先选择物理治疗、无创治疗以及其他无须手术和住院的综合康复诊疗方案。

新康复主要服务的目标客户具有群体数量大、消费痛点多、消费观念新和消费能力强等诸多特点。与传统的康复医院、医院康复科相比，新康复拥有跨学科整合、一站式服务和强消费体验等多重优势，在一二线城市吸引了越来越多的中高端客户。

新康复的临床团队一般由骨科、疼痛科、康复医学科、运动医学科、中医科、妇产科等多个学科的专科医生担任。与生活级康复训练机构相比，医生团队主导的新康复至少有三大显著优势：

（1）排除重大疾病，筛选目标患者

医生团队受过全面而系统的临床医学专业教育和职业训练，可为患者做出更准确的诊断，尽可能地降低误诊率和误治率。更重要的是，在排除了重大疾病风险后，医生团队不仅能筛选出可在门诊实施康复治疗的目标患者，还能避免发生医疗差错和延误康复机会的情况，为患者提供专业、及时、安全、有效的康复治疗服务。

（2）为患者制定个性化康复治疗方案

在临床上，对于同一个病症，不同科室和领域的专业人士往往会给出截然不同的解决方案。例如，骨科医生建议手术，老中医则建议优先进行保守治疗或正脊整骨，康复科和疼痛科医生又可能主张进行康复训练和疼痛治疗，健身私教还会引导患者购买他的拉伸训练课程。而新康复MDT团队则可制定出最适合患者的个性化康复治疗方案，从而有别于其他机构通行的"各自为战、单兵作战"模式。

（3）及时纠正错误的康复治疗方案

很多饱受疾病和疼痛困扰的患者在辗转多个临床专科就诊后，大多无所适从。看似每个医生说得都在理，也都一一尝试了，但病痛仍旧解决不了。这类患者急需一个专业又便捷的新型医疗机构予以明确诊断、综合施治，而新康复刚好可以填补上这个极具痛点又空间巨大的服务缺口。

新康复领域已有众多先行者，其中不少佼佼者已得到资本的认可。

> 已公开融资信息的新康复服务机构主要有以下几家：
>
> 某道医学 2017 年获得某华控股旗下基金数千万元的 A 轮投资。
>
> 某创动力 2017 年获得 2000 万元的天使轮投资。
>
> 某近完美 2018 年获得某域资本 900 万元的 Pre-A 轮投资。
>
> 某复门诊 2018 年获得某纬创投、某格基金数千万元的 A+ 轮投资；2020 年又获得某岭资本、某纬创投 5000 万元的 B 轮融资；2021 年再获某骥资本、某岭资本数千万美元的 B+ 轮融资。
>
> 某动肌骨 2021 年获得某福资本、某坤涛荣的天使轮投资，2022 年又获得某明创投、某福资本、某昀资本的 Pre-A 轮投资。

新康复赛道总体仍处在起步和探索阶段，市场需求主要集中在一二线等经济发达城市，单店模型和连锁模式均尚未成熟，其发展阶段不仅远远落后于医美、口腔和眼科等相对成熟的专科，也落后于眼视光、新中医和新心理等新兴热门专科。

新康复还面临着三个共性难题，一是人才奇缺，专业的医师、技师、理疗师都紧缺，靠谱的运营管理团队更是稀缺；二是难以复制，与其他消费医疗专科类似，新康复连锁的区域属性强，很难实现跨区域复制；三是缺乏标准，无论是运动康复、疼痛康复还是产后康复、中医康复、儿童康复，均缺乏相对统一的临床业务标准。

广义上的新康复领域，其中既有医疗机构，也有非医疗机构，连锁业态多以非医疗机构居多。其中，某复（康复门诊部或康复医疗中心业态）、某道（康复诊所业态）、某动（康复诊所业态）都有医疗牌照，某近完美和某创动力则主要是非医疗牌照。近年来，医疗级和生活级新康复大有融合之势。2020年，某近完美在上海杨浦开办了首家中医诊所，某创动力也在江苏南京开办了首家康复诊所。

> 某复是由悉尼大学商法专业海归硕士和上海瑞金医院骨科博士联合创办。从线上到线下，该创业团队已接连在上海静安、浦东、长宁、黄浦开了4家连锁康复门诊部。2021年，某复门诊在上海主城区多个核心商圈开办了8家

> 同名的拉伸连锁门店。短短四年时间，某复已成长为新康复尤其是运动康复领域的头部连锁机构。

在不远的将来，人们不仅会看到越来越多的"儿童乐园"式口腔门诊部和儿科门诊部、"太空探索馆"式的视光门诊部和诊所，还可能看到每天有医生、护士、视光师、康复师、理疗师、营养师、推拿师上班的"美容院""眼镜店""养生馆""按摩店""健身馆""养老院"以及"旅馆""理发店""月子会所""母婴商店""家政保姆店"和"康复辅具店"。这些都可能成为医疗和运营团队合伙创业的主战场，更是未来消费医疗领域内投资的大金矿。

5.3.4 心理赛道正火：如何实现闭环？

近年来，心理赛道接连有知名资本下重注。

> 据投资界报道，2021年9月7日，专注于精神心理健康领域的互联网医疗平台"某心情"正式宣布，其已获得由某节跳动领投，某星健康、某诚资本、某富资本等知名机构跟投，老股东某和毓承等超额认购的2亿元C轮融资。仅仅在一个月之后，"某心情"再获某方明珠产业基金1亿元的C+轮战略投资。

据投资界不完全统计，2020年开始，心理领域共发生了近60起融资事件，累计融资额超60亿元。仅2021—2022年初，某冥想、某阳医生、某点灵、某懂健康等机构相继完成融资，背后投资方不乏某纬中国、某星健康、某诚资本、某和毓承、某塘创投等机构。

从以上的数据看，精神心理赛道的确越来越火。与传统精神病专科医院不同的是，资本下注的大多是互联网心理类平台，其底层逻辑主要有两个。

（1）精神心理需求旺盛而又隐秘

特别是受经济下行和时代变革等多重因素影响，人们的精神心理问题尤为凸显，需求极其旺盛而隐秘。近些年来，又因叠加了一些"黑天鹅"事件，人们的精神心理可谓"雪上加霜"，亟须得到科学、专业的舒缓、慰藉和诊治。

心理问题往往与"变"这个词密不可分，无论是家庭变故、事业起伏、情感分合还是时代变化得太快，都可能会引发人们的心理问题。当今时代，科学尤其是医学对身体和生理的研究已经越来越深入，但对精神和心理的研究仍相对表浅，甚至很可能还没有入门。这也是不少富豪愿意捐赠巨资致力于脑科学基础研究、探索精神疾病的根源和本质的原因之一。

（2）精神心理领域供给端长期严重不足

受学科发展的滞后性和人们传统观念等因素的制约，精神心理服务的供给长期严重不足，要么是人们闻之色变的精神病医院，要么是乱象丛生的心理咨询行业，要么是花样繁多的心灵课程，总之已有的各种服务和体验都难以满足人们的需求。

由于科学专业的新型精神心理服务机构的供给极其短缺，人们的精神心理需求得不到及时的满足，只好转求别处，例如网络。因为精神心理问题大多较为隐秘，诊治又大多依赖经典量表评估辅助，令其天生自带互联网友好基因。互联网平台完美契合了精神心理领域供需严重失衡、需求既刚性又隐秘这两个显著特性，于是资本热衷于下注互联网心理类平台也就顺理成章了。也因此，不仅互联网心理类平台相关企业创始人的背景大多具有互联网基因，而且跨界领投互联网心理类平台的投资方中也不乏新兴互联网巨头的身影。

然而，互联网心理平台有其显著优势的同时也存在着明显的劣势——大多数平台都面临着虽有数量庞大的用户群却苦于无法实现闭环变现的窘境。纯线上平台只能解决轻问诊、轻咨询等"轻心理"问题，大多只能隔靴搔痒，解决不了患者或用户的根本问题，从而导致平台用户的黏性和活跃度大打折扣，这无疑成了众多互联网心理平台自身的一块"心病"。

对于互联网心理平台而言，因为有海量线上用户的支撑，自然而然会想到的是"如何导流到线下实体机构实现闭环"。但是，这也面临着诸多现实困境。无论是公立三甲医院的精神科还是独立的精神卫生中心，无论是医疗级的民营精神专科连锁医院还是生活级的心理咨询机构，大多数人对它们都是"敬而远之"的态度。即便是最为契合消费医疗"小而美"业态的心理诊所，如"某心情"诊所也或多或少面临着类似的问题。

独立的精神心理诊所在就医便利性和就诊体验上要远远超越传统的精神专科医院和医院精神科，在科学专业和诊疗手段上更超越生活级的心理咨询机构和各种名目的"心灵道场"，但是仍然无法真正解决患者的就诊顾虑。这种困境究竟该如何破局呢？拓展睡眠连锁门诊或许是一个不错的选择。

睡眠障碍主要表现为"三睡"，即"睡不着、睡不好、睡不醒"。特别是失眠，和大多数精神心理疾病如抑郁症、焦虑症都紧密相关甚至如影随形，还易陷入相互强化的恶性循环。例如，失眠强化了抑郁，抑郁又强化了失眠，往往令患者痛苦不堪。与抑郁症、焦虑症等常见精神心理疾病截然不同的是，失眠、多梦、嗜睡或睡不好觉等问题是大多数人都愿意面对和交流的。睡眠门诊不仅可解决心理疾病的入口问题，还可以解决患者难以言说的痛点。

可以说，谁能率先跑通线下连锁睡眠门诊模式，谁就有可能成为心理赛道的"王者"。只是睡眠门诊的发展也面临三大障碍：

> ①睡眠门诊无统一设置标准，与视光门诊类似，设置时往往会卡在医疗牌照的审批上。
>
> ②睡眠门诊的商业模式尚未成型，相比视光门诊而言，其市场探索发展阶段更为早期。
>
> ③人才匮乏，不仅精神心理专科医生和中医失眠医生奇缺，而且运营管理团队更稀缺。

随着各路资本的强势助推，"支持社会办医"相关政策措施的加快落地，睡眠门诊面临的现实障碍都有可能得到逐步解决。睡眠门诊即便尚无统一的设置标准，也有3种可能的落地方案。

> ①专科诊所或专科门诊部
>
> 一种是以西医为主的精神科专科门诊，类似"某心情"诊所，设置科室至少要有精神科（临床心理专业、精神康复专业、精神卫生专业和精神病专业）；另一种是以中医为主的中医睡眠专科门诊，相比而言，中医诊所的落地要简易得多，成本也要低得多。作为营利性医疗机构，营业范围还可增加心理咨询以及助眠、香薰、水疗、芳疗产品等非医疗业务。
>
> ②以睡眠门诊为主营业务的综合门诊部
>
> 设置科室主要有内科（神经内科专业、呼吸内科专业、消化内科专业）、妇女保健科（妇女心理卫生专业、

> 更年期保健专业、青春期保健专业）、儿童保健科（儿童心理卫生专业、儿童康复专业）、精神科、中医科或中西医结合科、耳鼻喉科、康复医学科等。
>
> ③新型睡眠专科医院或中医医院
>
> 科室设置和综合门诊部类似，区别在于是否设置病房。睡眠门诊也适合走同城"八爪鱼"式的连锁道路，一般可在完成多家"小而美"的睡眠门诊布局后，建立设施更为完备、功能更为齐全的"大而全"睡眠专科医院。有了睡眠专科医院作为"八爪鱼"的头部，还便于申请更具诊疗价值的独立互联网医院牌照，从而区别于第三方互联网平台设置的互联网医院。

此外，睡眠连锁门诊的线下布局还要充分重视区域选址和机构起名问题。选址上，一二线城市的核心商圈为首选，闹中取静尤佳。起名上，字号多往睡眠含义靠近，尽量远离"精神""心理"以及易和"抑郁""焦虑"等产生关联的字眼和词汇，最好连"心"字都不要出现。单从这点上看，"某心情"还算不上是个好名字。

在可预见的未来，失眠患者有望在心理医生开设的睡眠门诊里睡个好觉。

5.3.5 儿童医疗经济：如何抓住黄金十年？

正如《诊锁界》在其发布的《2019中国新型儿科诊所发展报告》中所判断的那样：2020—2030年，将是儿童医疗经济潜在客户数量最多、市场最为庞大的"黄金十年"。

严格说来，儿童医疗经济不等同于儿科诊所。按照现有诊疗科目的设置划分，儿科并不包括口腔、眼科和康复等专科。而我们这里所说的儿童医疗经济是指所有以儿童为主要目标群体的独立医疗机构，业态以诊所和门诊部为主，也有少数的儿童医院和儿童医学中心，但不包括综合医院和妇幼保健院的儿科。

儿科在体制内越来越中心化，每个城市的患者都集中在当地屈指可数的儿童医院和三甲医院儿科里。时代的主流趋势是"去中心化"，但在公立医疗体系内，"中心化"现象显然无法仅靠行政命令实现逆转。那么谁能适应和迎合这股时代潮流呢？答案只有私立诊所和门诊部。

近年来，儿童医疗经济在资本的助力下，纷纷跑马圈地，迎来了细分医疗领域发展的大好机遇。然而，儿童医疗经济也面临着巨大挑战，并不是所有的儿童医疗经济参与者都能享受到时代红利。那如何才能抓住儿童医疗经济未来的"黄金十年"呢？

儿童医疗经济，尤其是诊所和门诊部（儿童医院一般还设有小儿外科），经历了从依靠儿童全科（以儿内科为主，如小儿呼吸内科专业、小儿消化内科专业、小儿内分泌专业、小儿神经病学专业、小儿免疫专业等）的高诊查费（俗称"诊金制"）到依靠儿童交叉学科医疗服务和衍生服务赚钱的过程。这个过程与"诊金制"模式屡屡碰壁紧密相关。

儿童交叉学科医疗服务和衍生服务，主要有儿童口腔专业、儿童眼科专业、中医儿科专业、儿童保健专业（以儿童生产发育专业、儿童康复专业为主）以及儿童健康教育和线上咨询服务，还有将儿科诊疗作为黏性流量入口，拓展成人衍生服务消费，如年轻妈妈群体的高单价医美消费。其中，儿童口腔连锁机构的发展势头最为迅猛、扩张不断，儿童眼科机构、儿童康复机构和中医儿科机构也纷纷紧随其后。

然而，无论是儿童交叉学科还是整个儿童医疗经济，其商业模式均尚未成熟，仍处在探索阶段。多数连锁机构往往都只有单店或少数店盈利，连锁机构合并报表大多处于亏损状态。即便有少数区域型连锁机构已实现整体盈利，也很难跨区域连锁复制，主要原因有以下3个方面：

> ①医生数量严重不足
>
> 儿科医生、儿保医生、儿童口腔医生、儿童斜弱视和眼视光医生、中医儿科医生、儿童康复医生都极度稀缺。

儿童医疗又是众多临床学科中诊疗耗时多、诊疗效率低、医生薪酬待遇差、诊疗环境嘈杂的典型科室，而这些问题又进一步加剧了专科医生的短缺。

②运营团队尚显稚嫩

纯儿科与儿童交叉学科有着两种截然不同的运营模式，二者的融合还需要时间，商业模式未成型，尤其是擅长"小而美"机构运营的成熟团队更是稀缺。例如，有儿科运营经验的团队，不熟悉儿童口腔、儿童眼科等专科运营；擅长普通口腔科运营的团队，又缺乏儿童口腔业务的运营经验；成功运营过"大而全"式眼科医院的团队，又大多没运营过"小而美"眼科诊所和门诊部。

③病种入口尚未打通

儿童医疗经济营销的目标群体和消费群体往往是错位的，付费者也不是最终消费者，二者之间还时常存在对立，这就决定了营销模式的多重复杂性和效果衰减性。儿童医疗经济的病种入口尚未打通，获客模式还面临诸多挑战。例如，常规的广告获客模式遭遇医疗广告的从严从紧监管，中小学校和幼儿园等地推入口大多又仅对公立医院开放，流量医生IP红利也在快速衰减，等等。

从投资和运营的角度看，我们要想打破儿童医疗经济发展的桎梏，大致有3种策略。

> ①找当地知名医生合伙
>
> 前期靠医生自带的患者做存量支撑，后期靠医生IP打造做增量发展，用股权换时间。此策略一般适合初创机构。
>
> ②拥有靠谱的运营管理团队
>
> 靠谱的运营管理团队既要有丰富的运营能力，尤其是"病种产品化"能力，还要有强大的融资能力，二者缺一不可。此策略适合已有一定规模的连锁机构。
>
> ③做儿童医疗共享平台
>
> 将机构打造成儿童医疗共享平台，自己只做擅长的业务，其他业务可与医生集团合作。例如，自己做儿科全科或中医儿科业务，儿童口腔或儿童眼科业务则交给专业团队来做。这样既能共担成本，又能共享患者池。此策略适合陷入运营困境的单体机构。

资本投资的决策依据已从考量是否有"风口"迅速转向为是否"盈利"，不再为早期投资机构和投资人的"过度投资"买单。然而值得警惕的是，互联网领域"击鼓传花"式的高估值投资"疯潮"已迅速蔓延到了消费医疗领域。那些长期不盈利的儿科连锁机构启动了一轮又一轮的融资，可能正在重复演绎着互联网领域曾经有过的投资泡沫。

未来黄金十年的儿童医疗经济，儿科全科（内科）的高诊金制模式将逐步让位给儿童交叉学科和衍生服务模式。儿童眼科、儿童口腔、儿童康复和中医儿科等专科都将可能跑出细分领域内的"独角兽",尤其是儿童眼科(以眼视光为主)领域的潜力巨大。

在儿童医疗经济连锁布局上,同样应首选同城"八爪鱼"连锁模式。先建"八爪"(诊所和门诊部),再建"头部"(旗舰门诊部或医院),将可能成为"独角兽"式连锁医疗集团的优先选项。

5.3.6 儿童增高是门好生意吗?

近些年来,众多儿科连锁机构正在积极谋求转型。例如,资本宠儿某儿诺以并购某和眼科为切入点,强势进入儿童眼科和视光领域;某橙齿科深耕儿童口腔领域;某贝儿科早已转型为某贝医疗等;还有不少儿科机构不得不转让甚至关停倒闭。

然而,并非所有儿科机构都能成功转型。以转型方向大热门的口腔和眼科赛道为例,儿科门诊部和诊所原先大多没有设置口腔科和眼科,即便设置了或增设了相关科室,也面临着商业模式完全不同的挑战和困境。正因如此,很多儿科机构除了抢中医儿科、儿童康复赛道外,还抢占儿童增高的细分赛道,就连急需拓展新业务的妇产医院都开始抢食儿童增高这块蛋糕。

儿童增高无疑是门大生意。作为治疗矮小症的主要药物,生长激素的毛利率极高。这从相关龙头股"长春某新"的财务报表中也能得到充分验证。作为生长激素的龙头企业，"长春某新"的核心子公司"某赛药业"已覆盖我国大多数可治疗儿童矮小症的医院，堪称"现金奶牛"和"创利大户"。除了"长春某新"，A股中的生长激素概念股还有"某科生物"，主要竞争对手还有"某和诺德"和"某合赛尔"。

市场上的生长激素主要是注射针剂（从粉剂到水剂，从短效到长效），已呈现寡头垄断市场态势。"某赛药业"还参股了美国公司，谋求占领口服生长激素研发这一技术制高点。有必要说明的是，生长激素并非"谈激色变"的常见激素类药物，更不是性激素，不会引起糖皮质类激素那样的副作用，但它的使用也有严格的适应证要求，必须在专科医生指导下才能使用。

在以儿童增高为主业的诸多医疗机构中，处在头部地位的是某高儿科。

> 某高儿科从上海起步，已在上海、北京、杭州、宁波、温州、武汉、成都、重庆、长沙、济南、西安等城市布局了十多家连锁医疗机构，并计划在未来达到50家的连锁规模。2021年5月，拥有雄厚产业资本背景的某瑶医疗，宣布斥资2.27亿元战略入股某高儿科，获得了某高儿科36%的股权。同年8月，又追加投资2800万元收购了

> 某高儿科 4.6667% 的股权，共直接持有某高儿科 40.6667% 的股权。加上间接持有的某高儿科 2.8% 的股权，某瑶医疗合计持有健高儿科 43.4667% 的股权，稳居第一大股东。显然，某瑶医疗看中的正是儿童增高这个新兴大市场。

不仅儿科门诊部、妇产医院等专业医疗机构在争先发力儿童增高业务。由于生长激素的高毛利仍在药企不在医疗机构，部分医生创业者还联合创办了生活级和医疗级相结合的增高连锁门店。更有不少医疗从业者看到儿童增高的刚需市场，希望以儿童增高业务作为流量入口，拓展儿童眼科和儿童口腔等高毛利业务。这种看似可行的商业模式尚未得到成功验证。

儿童增高是大生意，怕矮则是更大的生意。这也吸引了不少生活级机构纷纷涌入这个热门赛道，趁机浑水摸鱼。儿童增高要想成为一门好生意，还有赖于靠谱的医生和运营管理团队。然而，靠谱的专科医生不多，尤其是绝大多数儿童内分泌和儿保医生都在公立医院，懂增高业务尤其是不依赖公立医院医生转诊就能解决入口问题的运营管理团队更是稀缺。

5.3.7 辅助生殖的春天来了吗？

辅助生殖作为消费医疗领域中最具牌照稀缺性的细分专科，一直是医疗人和投资人关注和追捧的热门赛道。然而，与消费医疗其他专科不同的是，辅助生殖具有"难准入、高门槛、严监管、守伦理"等特性，还与国家人口战略和人口政策直接相关。

辅助生殖的赛道虽热，但门其实很窄。截至2020年底，辅助生殖牌照（即"辅助生殖技术准入资质"，此处特指人工授精、体外受精-胚胎移植和卵泡浆内单精子显微注射3种常用的辅助生殖技术应用准入资质）90%仍集中在公立三甲医院，仅有极少数社会资本有机会分得一杯羹，绝大多数人只能站在门外，透过门缝来窥其一二。

近年来，不少上市公司以合作成立混合所有制医院和参股或控股民营辅助生殖机构等方式获得了辅助生殖牌照。

> 2015年，某策医疗与昆明某公立医院共同建设的昆明某生殖医学医院获批了辅助生殖牌照。
>
> 2017年，某创医惠参股新疆某音医院，某星医药收购了深圳某生医院。
>
> 2018年，某芝药业收购了云南某洲医院和昆明某万家妇产医院51%股份，某欣生殖并购了深圳某泌尿外科医院。
>
> 2019年，某迪科技收购了海口某丽医院。
>
> 2019年，扎根辅助生殖市场多年的某欣生殖在香港主板上市，上市后加快并购步伐，于2020年并购了武汉某中西医结合妇产医院，2021年和2022年又通过两次并购获得了云南某洲医院和昆明某万家妇产医院的整体控股权。

有国资背景的产业基金和有品牌基础的知名医疗集团也纷纷布局辅助生殖领域。

> 某信资本控股了处于龙头地位的某雅生殖与遗传专科医院。
>
> 某骥资本先后控股了沈阳某华医院、海南某京生殖医院和黑龙江某德妇产医院。
>
> 某中宜和集团不仅自建了天津某津宜和妇儿医院,还通过并购将北京某岛妇产医院更名为某中宜和北三环妇儿医院。
>
> 专注于辅助生殖领域的某维艾夫集团已在湛江、揭阳、天津、昆明拥有4张辅助生殖牌照。
>
> 某健医疗集团也在南昌、武汉和贵州布局了3家拥有辅助生殖牌照的医院。

社会资本对辅助生殖的投资热情空前高涨,纷纷摩拳擦掌、跃跃欲试,期冀有朝一日能入局掘金。那么,辅助生殖的春天来了吗?该如何评估辅助生殖牌照的价值?

(1)社会资本参与辅助生殖业务的历程

国内辅助生殖技术的临床应用,自1988年北医三院诞生第一例试管婴儿以来,迄今已有三十多年。社会资本早期主要凭借特殊资源和雄厚背景,以托管合作、技术帮扶、混合所有制等模式,与公立三甲医院合作运营辅助生殖中心,从而得以介入辅助生殖业务。

2007年，辅助生殖牌照审批权限从原卫生部下放至各省市卫生厅（现卫健委），牌照准入审批速度显著加快。社会办医获得独立辅助生殖牌照的时间也大多集中在近十多年间，大致沿着从边疆（新疆2004年审批1家）到沿海和内陆省市的路径演进，区域分布也极不平衡。

> 截至2020年12月30日，全国民营和混合所有制辅助生殖机构分布情况为：广东8家（东莞3家，深圳2家，湛江、揭阳和肇庆各1家）、云南5家（均在昆明）、湖南4家（长沙2家，衡阳和邵阳各1家）、海南4家（海口3家、博鳌1家）、上海4家、北京3家、天津3家、河北3家（石家庄、邢台和廊坊各1家）、辽宁2家（均在沈阳）、湖北2家（均在武汉）、山东1家（济南）、四川1家（成都）、西藏1家（拉萨）、安徽1家（宿州）、福建1家（厦门）、江西1家（南昌）、山西1家（晋中）、重庆1家、黑龙江1家（哈尔滨）、贵州1家（贵阳）。

2020年6月1日，《基本医疗卫生与健康促进法》正式实施后，社会资本基本无法直接介入公立医院的生殖中心业务，无论是科室托管模式还是与公立医院合作举办营利性医疗机构，都被立法明确禁止。社会资本开展辅助生殖业务，要么按照各省市区域规划和准入政策规定逐步申请牌照，要么参股或并购已有牌照的民营医疗机构。

（2）"辅助生殖的春天来了"的判断逻辑

辅助生殖的春天来了，这主要基于以下3个判断逻辑：

①从政策层面看，国内宏观环境发生了巨大变化

国内人口形势较为严峻，人口老龄化趋势加快，出生人口数逐年下滑。近年来，国家人口战略和人口政策有了重大转变。2016年，全面"二孩"政策正式实施，2021年，"三孩"政策出台，这些都为辅助生殖技术应用相关规划调整提供了政策依据。这从国家卫健委发布的《人类辅助生殖技术应用规划指导原则（2021）版》以及各省市相继出台的《人类辅助生殖技术应用规划（2021—2025）》中都得到了充分体现。

②从技术层面看，经过三十多年的发展，国内辅助生殖技术已相当成熟

这从2017年和2019年先后有3名辅助生殖领域的专家当选院士中也能得到侧面印证。临床上，除了被称为第四代试管婴儿（卵子干细胞技术，不属于常规辅助生殖技术），人工授精（IUI）、体外受精－胚胎移植（IVF-ET，第一代试管婴儿技术）、卵泡浆内单精子显微注射（ICSI，第二代试管婴儿技术）和胚胎植入前遗传学筛查、诊断（PGS、PGD，第三代试管婴儿技术）等辅助生殖常用技术

均已得到广泛应用。

③从市场层面看，辅助生殖技术应用长期处于"供不应求"状态，区域设置分布和机构业务发展也极不平衡

据国家统计局数据显示，2021年，我国育龄夫妇的不孕不育率已经攀升至12%~18%，辅助生殖技术的需求极为广阔。然而，由于体制和机制约束，拥有辅助生殖牌照的公立三甲医院，业务发展极不平衡，各省市的辅助生殖业务主要集中在头部几家生殖中心，大多数生殖中心常年的周期数无法超过1000例，不少生殖中心的周期数甚至只能勉强保住牌照，业务量极不饱和，存在牌照和资源浪费现象。

（3）辅助生殖牌照价值评估

辅助生殖牌照很稀缺也很值钱，牌照价值一般可从以下3个维度进行评估：

①区域维度

在不同地区，辅助生殖牌照的价值差距悬殊。受传统生育文化的熏陶和影响，作为典型刚需的辅助生殖业务，覆盖区域较广，目标人群就医受行政区域限制较少。但评估牌照价值仍要重点考量当地育龄夫妇数量及其生育意愿和付费能力。正因此西北、东北区域的辅助生殖牌照显然不如华东、华南等人口密集和经济发达区域的牌照值钱。

②竞争维度

过去，辅助生殖机构之间的竞争主要体现在牌照审批上，谁能率先拿到牌照，谁就能在当地市场上处于垄断地位，在大多数地级市甚至还能长期拥有独家垄断优势。但随着辅助生殖牌照逐步向社会资本开放，尤其是中高端收入的不孕不育患者大多选择跨市跨省乃至跨国就医，辅助生殖市场的竞争逐步加剧。因此在评估牌照价值时，除了要充分考量当地及周边主要城市现有竞争对手的发展状况，还要综合判断未来潜在竞争对手获批牌照的可能性。

③团队维度

主要是评估临床专家团队和运营管理团队。辅助生殖技术虽然已被广泛应用于临床领域，但衡量这项技术应用水平高低的核心指标是成功率，不仅包括人工授精成功率、体外受精成功率，还包括对患者真正有意义的活产率（也叫"抱婴率"）。而成功率除了和患者身体状况等生理因素紧密相关外，还取决于临床团队的专业技术水平。此外，辅助生殖机构的持续性发展还需要运营管理团队的支撑和配合，在评估运营团队时应重点评估其"病种产品化"能力，尤其是获客能力。

可以预见的是，随着辅助生殖牌照稀缺性和垄断性的持续下降，越来越多的民营辅助生殖机构将加入抢食不孕不育市场大蛋糕的队伍中来。未来各大辅助生殖机构之间的竞争也将趋于激烈，从抢牌照转向抢专家团队，从抢专家团队转向抢运营团队。与之相伴随的是，转型辅助生殖领域的妇产科、泌尿外科医生将越来越多，辅助生殖领域将迎来并购小高潮，"大者通吃"的头部聚集效应也会愈加显著。

辅助生殖的春天虽然来了，但其市场化程度远远不如医美、口腔、眼科等其他消费医疗专科，依然只有少数拥有雄厚资金实力和特殊资源背景的大资本、大集团才可能成功入局。

5.3.8 日间手术中心是个好赛道吗？

不少医疗投资者和创业者，包括全面转型医疗领域的知名上市公司和已获多轮融资的新锐连锁机构的高层管理人员都在关心同一个问题：日间手术中心是个好赛道吗？

关于"日间手术"，不少人存在以下误解。

> "日间手术是白天做手术？难道还有专挑晚上做的夜间手术？"
>
> "日间手术省钱？是因为白天做手术不用付给医生加班费吗？"

这些误解看似只是开玩笑，但也反映出大多数人对"日间手术"其实没有概念。

日间手术是指病人在入院前已经做完了术前检查并且预约了手术时间，当日办理住院就可以完成手术并在 24 小时内出院的一种手术模式，特殊情况因病情需要也可延期住院到 48 小时。日间手术一般适用于临床路径和诊疗规范明确、医疗质量可控、医疗安全有保障的病种和术式。

与传统住院手术模式相比，日间手术模式主要有三大好处。

① 对病人而言，省时省事又省钱。

② 对医院而言，降本增效更省力。

③ 对医保而言，控费省钱好管理。

日间手术中心有成功模式吗？当然有，目前欧美国家的日间手术模式都已经非常成熟了。在我国，日间手术模式可行吗？这恰恰是当前最大的问题所在。很多打着"日间手术中心"旗号的医疗机构，其主业仍是门诊及门诊手术，虽然日间手术也在做，但实际开展的并不多。

不可否认，日间手术的确有诸多优点，更是未来医疗模式的发展趋势之一。在欧美国家，日间手术中心之所以有广阔的市场，主要是因为具备三大条件。

① 商业保险很发达且推崇日间手术模式。

② 医生能自由执业。

③ 患者的医疗素养相对较高。

我们再来看看我国的现实情况。

（1）商业保险仍处在起步阶段

在我国，基本医保是占据绝对主流地位的医疗服务支付方，而且越来越强势。一般而言，日间手术费用包括住院前一周与日间手术治疗直接相关的门诊术前检查和化验等费用以及术后必要的处置费用（如换药、拆线等），这些可按住院医保待遇进行结算。但是，在日间手术费用医保报销上，各省市大多仍限制在公立三级医院试行报销，在其他公立医院、民营医院尤其是民营门诊部，日间手术费用大多还无法医保报销。有些省市的公立三级医院，日间手术报销政策仅对城乡居民医保开放，而城镇职工医保暂未执行。

（2）医生多点执业受到隐性限制

虽然在医疗改革的顶层设计上已为医生多点执业甚至自由执业做了政策铺垫（例如，医生执业实行区域注册制，多点执业不需第一执业点盖章审批，仅需办理备案即可），但各省市在实际执行中依然困难重重。虽然多点执业政策出台了很多年，但真正办理多点执业的公立医院医生仍只占极少数，更谈不上自由执业。

（3）患者的医疗素养还有待提升

大多数患者仍停留在对症状和不适的浅层理解和认识上，看病要去公立大医院的传统观念仍根深蒂固。目前，日间手术费用大多只能在公立三级医院才能报销，客观上也强化了他们的这种认知。患者对疾病及其诊疗方式的了解还远远不够，对于日间手术的概念，要么从未听过，要么即便听过也是一知半解。

日间手术的商业模式尚未成型，是否意味着就一定不能投资呢？当然不是。打造日间手术中心也可以，但不要奢望靠日间手术概念闯出一条光明大道来，更不要动辄拿欧美国家的成功模式来做样板和对标。创业者也不要将日间手术当作吸引患者的法宝，更不要妄图教育患者、教育市场，因为结果往往是反被患者教育、被市场教育。

从务实的角度看，社会办医还应当沿循"病种产品化"的运营路径，即从"筛选、定价和入口"三要素入手，以目标客群的既有认知作为机构定位和运营的出发点，沉下心、接地气，做专病、小而美。

因此，日间手术中心对风险投资或许可行，对客户还不行，至少目前乃至未来三五年都还不行。

5.3.9 医生集团虚火过后的理性评估

在社会办医迅速发展的形势下，医生集团一度虚火旺盛，部分知名医生集团也获得了资本的巨额投资。但是目前这团虚火已逐渐回归理性。

(1) 医生集团的兴起

2014年，中国大陆首家医生集团的创始人张强医生借鉴国外成熟模式，第一次提出了"医生集团"概念，开创了中国医生集团的先河。作为一种新兴的团队执业模式，医生集团自诞生以来就自带光环、备受关注。

2016年3月8日，我国第一家名为"医生集团医疗有限公司"的"某德嘉联"在深圳正式注册成立。同年10月25日，"自由执业""医生集团"第一次写进政府文件，即中共中央、国务院印发的《"健康中国2030"规划纲要》。

2017年起，医生集团呈井喷状发展，至2021年的短短四年时间内，全国已有二十多个省市累计注册了超过2000家医生集团。

2017年9月，张强医生所在集团创办的某俊外科诊所在杭州正式运营，随后相继在北京、成都、上海等城市落地连锁布局；某德嘉联医生集团在获得10亿元的战略投资后，也先后在深圳、广州、惠州等城市成立了多家综合门诊部和医院（2020年，深圳门诊部已转让）。

2019年底，某雷脑科医生集团自建的首家实体医院"上海某雷脑科医院"开业。

2021年5月，某博医生集团自建的"上海某博医院"开业。

从医生集团的迅速兴起可以看出，医生集团已成为社会办医一股不可忽视的重要新生力量。

(2) 医生集团的困惑

有人看好医生集团，也有人看衰医生集团。在判断医生集团的前景时，投资者和创业者至少应回答3个基本问题。

第一个问题：医生集团提供什么？只能提供服务吗？

从医生集团注册的经营范围来看，大多数医生集团和医疗科技、医疗咨询、医疗管理、医药销售公司并无显著区别。医生集团的核心业务至少应包括3个：提供医疗诊疗服务和医生多点执业、组织医务人员到合法医疗机构开展诊疗服务、利用互联网提供医疗及会诊服务。

医生集团不仅可以提供无形产品，即技术和服务；还可以提供有形产品，即狭义的产品。这3种产品都有着不同的商品属性和营利模式。

> ① 技术
>
> 医疗是公认的高知识、高技术含量行业，临床诊疗无疑是个技术活。在细分专科尤其是专病领域，靠谱的医生集团大多有其难以替代的、堪称"撒手锏"的独特技术。
>
> ② 服务
>
> 医疗服务的行业属性是服务业。无论医生如何心不甘、情不愿，都无法改变这个客观却又残酷的事实。很多

> 医生之所以不愿意自己的职业被归到和餐馆、酒店甚至按摩足浴店同属一类的服务业，主要原因在于自己的临床经验和技术价值不仅不被充分认可，还要背负着战时状态般的持续高负荷劳动以及所谓的服务业通行标准，更要面对长期得不到有效解决的医患矛盾、纠纷甚至医闹。毋庸置疑，提供服务依然是医生集团最主要的营利手段和收入来源，除了常规的线下临床诊疗服务，还可以提供新兴的线上的远程诊疗和健康咨询等服务。
>
> ③产品
>
> 医生集团还能提供有形产品？很多人或许都会感到诧异不解，有形产品是什么？有形产品本质上是一种标准化的技术和服务，是可直接销售的实物商品，只是营利模式和无形产品不同而已。例如，皮肤科医生集团可联合药企共同研发皮肤外用药或药妆产品；中医类医生集团亦可联合中药厂家研制针对特定疾病和人群的中药制剂、外治药膏和滋补膏方等；手术类专科医生集团创始人通过长期临床实践，在特定技术改良、手术器械和康复器械等方面有所创新甚至已获得实用新型专利和发明专利，这些也都是可联合器械厂商进行开发的产品。

随着医疗行业的发展，相关政策也越来越开放了，允许医疗机构开展药品、器械等医疗相关的经营活动，只需将经营活动场所和医疗活动场所做适当分离即可。如果产品开发过程烦琐或耗费时间太长，医生集团也可以将专利授权或转让给相关器械制造商，这也是另一种提供技术的营利模式。

第二个问题：医生集团凭什么生存？什么才是医生集团的核心竞争力？

医生集团既然是企业，就需要考量企业的核心竞争力。企业核心竞争力是指企业在经营过程中形成的不易被竞争对手复制和超越的且能带来超额利润的独特能力。显然，医生或知名专家只是医生集团的核心人力资源，还不是医生集团的核心竞争力。医生集团的核心竞争力应该是技术服务能力和运营管理能力。

> ①技术服务能力主要看核心专家团队能否总结和提炼出具有价值性和创新性的独特技术、产品和服务，并建立结构合理的学科梯队和传承团队。
> ②运营管理能力主要看职业经理人能否组建一个接地气、有丰富实战经验的运营管理团队，并形成完备实用的人才培训机制和运营管理SOP[①]体系。

医生集团是否具备核心竞争力，不仅决定了其是否具备获取超额利润的能力，更决定了其未来是否具有足够的增长空间和

---

① SOP, Standard Operating Procedure, 标准操作程序。

增值能力，因而其投资估值也就截然不同。当然，没有核心竞争力的医生集团也不是不能生存，但充其量只是让医生换个方式工作而已，往往不具备股权资本化乃至证券化的未来增值能力。

第三个问题：医生集团缺什么？为何大多数医生集团仍处在"光打雷不下雨"的状态？

现实中，除了几家知名的头部医生集团外，95%以上医生集团仍处在"光打雷不下雨"的状态。医生集团究竟缺什么呢？医生集团主要有"三缺"：

> ① 缺配套政策
>
> 政策层面上，医生集团还不是一个可以直接提供诊疗服务的独立医疗实体。即便是中国的首家医生集团某德嘉联，要想直接提供诊疗服务、接受医生执业注册，还需要单独再申请成立"某德嘉联医生集团门诊部"，而不是像营利性医疗机构那样"一个机构、两块牌子"。
>
> ② 缺运营管理团队
>
> 医生集团没有医生成不了，只有医生也成不了。医生集团不是学术机构，而是营利性商业主体，要营利就要有运营团队。如果没有真正懂运营管理的职业经理人，医生集团可能只是医生的"走穴平台或经纪公司"。那些运营较好的头部医生集团，要么领头的医生就是称职的职业经理人，要么有相对专业的职业经理人与其合伙。

③缺落地医院和对口患者

这是医生集团缺少运营管理团队的必然结果，也是导致大多数医生集团"有名无实"的重要原因。没有资金自建医院实体，就只好选择合作。如果合作医院可以选择，那自然优先选择公立医院。公立医院的品牌、底蕴、软硬件都不错，文化也契合，病源还多是现成的。但是公立医院和医生集团的合作模式一直没得到各省市相关部门的正式鼓励和认可，部分地区的卫健委和公立医院甚至采取"一刀切"的方式，明确拒绝与任何形式的医生集团进行合作。于是医生集团大多只能找社会办医机构合作，但又怕砸了自己辛辛苦苦积累了大半辈子的招牌。

在公立医院，只要同属一个科，医生基本什么病都看，真正符合医生专长的对口患者所占比例并不高，医生也无法自主选择患者。由此可知，其实绝大多数患者认的还是"庙"而不是"和尚"。而大多数医生集团创始人看不懂也看不上竞价推广的获客模式，又没赶上自媒体红利时代，一旦没有大医院作为靠山，就很难找到对口患者，连吃饱都无法保证，更谈不上吃对和吃好。

(3) 对医生集团的评估

评估一家医生集团是否具有投资价值，一般要从 3 个方面来看。如图 5-4 所示。

图 5-4　医生集团的评估方法

第一个方面：看类别和动机。

医生集团主要有 3 类：

> ①合伙型
>
> 合伙型是指由医生团队和运营团队以合伙形式成立，如某雷脑科等。合伙型医生集团的投资价值最高，那些已成功融资上千万元乃至数亿元人民币的知名医生集团大多属于此类。
>
> ②合作型
>
> 合作型是指没有医生合伙参股或者仅有领衔专家参股的医生集团。领衔专家多为挂名股东，股权多为赠送且占

比一般不超过10%，几乎无决策权。这类医生集团大多宣称自己是平台型医生集团或医生集团的集团，但其本质是医生经纪人模式。合作型医生集团也有市场空间，但投资价值不高。

③名义型

这类医生集团占比最大，主要包括3种形式：空壳型医生集团，即仅注册公司而无实质运营，股东多数不是医生，所以毫无投资价值；备用型医生集团，一般由知名临床专家或职业经理人成立，大多尚处"讲故事"或"印名片"状态，暂无实质业务，所以绝大多数无投资价值；配套型医生集团，主要是药械公司和医疗集团为迎合热点而注册的医生集团，多数只是为了给公司现有的主营业务做辅助或配套的，如为了便于拓展药械销售业务、引进高端临床人才、探索新型营销模式等，因而只有极个别的具有投资价值。总的来说，名义型医生集团的投资价值最低。

从医生集团类别基本就能看出该医生集团成立的动机。例如，医生集团创始人是把医生集团当企业来做还是当茶馆、协会或者微信群来做？运营目标是获得利益，还是其他的？未来是为了给自己弄块自留地还是为了发展和扩张？

第二个方面：看落地和模式。

医生集团可行的落地模式主要有3种：

> ①自建连锁诊所或门诊部。有些临床学科或专科，例如脑科，也可自建医院。
>
> ②采用同城"八爪鱼"连锁模式，即同一个区域内自建1个旗舰店（医院或门诊部）加N个执业点（医生可在自建的门诊部或诊所多点执业，也可在合作的医疗机构多点执业）。
>
> ③托管合作或科室共建。合作共建的社会办医大多为外资医院，中国香港、澳门、台湾地区的医疗机构，上市公司或产业基金旗下医院，大型医院等。

投资人还要重点看医生集团的落地策略和路径，主要包括"病种产品化"三要素、财务预测模型和人才团队建设等。

第三个方面：看团队和业务。

除了要看团队领头人，重点还要看团队结构，是否存在"有专家无运营""有技术没团队"的情况？那些靠谱的医生集团，除了极个别集临床专家和职业经理人为一体的全能型人才外，创始管理团队中一般要有专业的职业经理人和运营管理团队。

评估一个医生集团的业务水平，除了看业务总量（合作单位签约数和诊疗总人次），更应看单个签约合作单位的诊疗人次和增长速度。医生集团往往合作机构多、业务量不多，单点业务量就更少了，能贡献业务和流水的往往就一两家合作机构,其他大多是有名无实。

  从投资角度来看,对于那些拥有核心竞争力的合伙型医生集团,要坚定地看好,而对于那些不具备核心竞争力的名义型医生集团和合作型医生集团,也要坚定地看衰。

第 6 章

未来破局：预见与展望

在越来越不确定的未来，社会办医尤其是消费医疗都有哪些可能的发展趋势？各大热门专科究竟又该如何破局？

6.1 预见未来：洗牌、重塑与变革

随着医疗行业整体转向"合法、合规、合理"的可持续发展轨道，社会办医特别是消费医疗将迎来洗牌、重塑和变革。

6.1.1 疫情：影响、变化及应对

随着后疫情时代的到来，国内经济下行的形势更加严峻，包括社会办医在内的实体创业者面临多重生存困境。然而，道阻且长，行则将至。作为医疗创业者和投资人，要深刻认识"百年未有之大变局"的时代大背景，理性分析新冠疫情带来的深远影响和潜在机遇。更重要的是，在疫情不断反复的形势下，究竟该如何应对这场危机？

(1) 疫情对社会办医的影响

2020年以来的新冠疫情对医疗行业尤其是社会办医而言，可谓雪上加霜。人员工资、物业租金成本居高不下，而机构业务惨淡，显然无法支撑原本就日渐高昂的固定成本。

从专科上看，医美、口腔、眼科和儿科等消费医疗项目受疫情冲击最大，这主要是由消费医疗的支付属性和业务特性

决定的。消费医疗主要依靠患者自费支付，而目标客户受疫情影响导致收入大大降低，支付意愿和能力也大不如前。而具体到业务层面，口腔业务操作可能会带来病毒传播风险，医美和眼科业务大多接触患者面部且又是非急症、非必需业务，儿科大多以儿内科为主，这些专科门诊在疫情防控期间大多被要求停业。

从消费医疗的业态上看，疫情对医院的影响要远远大于门诊部和诊所，对医疗集团和连锁业态的影响要大于"小而美"单店或个体户，所以相关上市公司和医疗集团业绩"爆雷"的可能性更大。在业务和收入普遍大受影响的情况下，社会办医拼的就是谁的运营成本更低、谁储备的粮草更足。医院和集团业态的成本负担要远远高于"小而美"机构，尤其是物业租金和人力成本。相比之下，"小而美"机构的运营成本要低得多，且"船小好调头"。在特殊时期，小机构重新调整收入成本结构，重新梳理主营业务方向和运营服务模式会相对更快、更容易，选择的沉没成本和机会成本也更低。

依赖商业保险和患者自费支付的高端医疗低下向来高傲的头颅，一些高端医疗机构不得不放下身段去拓展中低端市场。国内商业医疗保险虽然获得了阶段性的利好，但有些水土不服的高端医疗机构因为无法度过医保和商保"青黄不接"的煎熬期，不得不提前退出离场。一二线城市的高端医疗机构为了降低人力成本和运营成本,增加患者入口和营业收入,纷纷争抢拥有医生品牌和运营能力的知名医生集团入驻合作。

从结果上看,疫情加速淘汰了那些既没有核心竞争力,又没有足够现金流支撑的社会办医,也可能会误伤一些基本面不错但时运不济的医疗机构。疫情客观上也让真正优质且具有长足发展潜力的医疗机构脱颖而出,而这些机构正是持币观望的各路资本择机介入的好标的。

无论是从结构上看还是从整体上看,社会办医必将面临又一次历史性的生死考验。即便如此,从中长期看,我们依然看好社会办医,尤其看好消费医疗和"小而美"连锁模式。这并非盲目乐观,而是源于以下3个方面的判断:

> ①我国的医疗市场依然巨大,庞大人口基数和消费升级需求的基本面没有改变,其带来了前所未有的超级红利,在今后很长一段时间内仍将持续。社会办医尤其是消费医疗依然大有可为。
>
> ②社会办医从野蛮生长到百花齐放,40年来历经了多次大浪淘沙的过程,沉淀下来的社会办医正在快速转型。特别是医生群体等正规军的加入,在中长期资本的助力下,办医方向已然清晰,运营模式也正在更新换代,整体已呈现出可持续发展的好势头。
>
> ③疫情这一超级大"雷"并非来自医疗行业本身,更

> 不是来自社会办医和消费医疗。再大的"雷"终究也会过去，社会办医尤其是消费医疗的美好未来依然可期。

（2）疫情加速了人们就医观念的改变

疫情大大更新了人们尤其是消费医疗目标客户的认知，促使他们的就医观念发生改变，进而加快了社会办医转型，甚至可能成为部分社会办医逆势暴发的机会。

> ①大医院不再是就医的唯一首选
>
> 近些年来，政策从顶层设计到战略实施，一直在推行分级诊疗制，但是收效甚微。从短期或中期来看，经历过疫情，人们的就医心理和习惯有可能会发生转变，尤其是在消费医疗领域，客户观念转变将表现得更为突出。
>
> 公立大医院虽然在品牌沉淀和诊治能力上有显著优势，但也有人群密集拥挤和就医耗时耗力等显著劣势。尤其是面对具有超强传染性的变异病毒时，人们普遍对"时空聚集、交叉感染"有不同程度的恐慌心理，其就医决策在大医院的优劣势权衡上会有明显倾斜。特殊时期，大医院的劣势会被陡然放大，盖过大医院的优势，客观上也倒逼了分级诊疗制度的推行和落实。
>
> 在医生多点执业和合伙创业潮流势不可挡的时代，大医院不再是患者就医的唯一首选，"小而美"机构就有了更大的市场机会。可预见的是，未来人们就医时不仅会考虑

分级诊疗，更会考虑分类诊疗，不再只是考虑疾病的轻重缓急和医疗机构等级，更会按照消费医疗和非消费医疗分类来选择就医。

尤其是那些医美、眼科、口腔、儿科乃至新康复、新中医、新心理等消费医疗的"小而美"式机构，不设常规急诊和发热门诊，对检验科和手术室的依赖性又不强，且目标客群以中青年和少年儿童为主。相对于长期处于"战时状态"的三甲大医院而言，其交叉感染的可能性更低，消费体验也更好。

② "预防"理念将得到空前重视

长期以来，人们"重治疗、轻预防"的陈旧观念根深蒂固。即便是经历过2003年的"非典"疫情，预防的重要性依然未能深入人心，"预防大于治疗"的理念更没有得到有效的普及和认可。而在经历过新冠疫情的反复无常后，人们这种糟糕的医疗健康素养状况将可能得到显著改善。

2003年，人们获取信息的渠道远远没有2020年丰富和多样，大多数人主要还是通过电视广播和手机短信来获得疫情防控的相关信息。近20年来，由于智能手机尤其是网络通信工具的高度普及，使得疫情动态和防控信息得到了前所未有的广泛传播。"戴口罩、勤洗手、少出门、不串门"成了众所周知的必要防护措施，勤测体温、居家隔离、集中收治乃至核酸检测、抗原检测、CT检查等专业术语也得到了广泛宣教。

可以说，疫情在客观上使得全民的个人卫生习惯和健康科学素养均有了质的提升。这无疑是一个可喜的认知转变和进步。由此带来的健康管理、体育健身、科学养生、起居饮食等方面的观念改变，将有助于整个大健康领域产业结构的调整和升级。

越来越多的人在疾病预防方面的付费意愿也会更高。社会办医各专科的健康管理业务将迎来全新的发展机遇。消费医疗将可能借势从单纯的诊疗服务逐步向诊疗服务和健康管理相结合的方式转型，并拥有生活级关联业务和衍生产品的广阔空间。

③线上诊疗接受度将快速提升

经历过疫情的洗礼，人们无疑会越来越认可线上诊疗这个不算新鲜但远未普及的服务模式，尤其是在线咨询、远程医疗等业务将获得前所未有的接受度。互联网医疗、AI医疗、医疗健康大数据等相关产业，不仅将得到政策上更大的鼓励和支持，还能进一步激发患者的潜在需求。一旦患者形成了消费惯性和路径依赖，就将彻底引爆长期被抑制的线上诊疗需求。

虽然互联网医院牌照仍集中在公立大医院，但是社会

> 办医尤其是消费医疗，在互联网医疗上也应有所作为，包括但不限于开展线上健康评估、健康指导、健康宣教、就诊指导、慢病复诊和心理疏导等。随着各省市《互联网诊疗管理办法（试行）》《互联网医院管理办法（试行）》《远程医疗服务管理规范（试行）》等政策文件的出台和推进，互联网医院不再只是主要面向三甲医院、公立医院和互联网平台巨头敞开，也开始逐步向有一定品牌基础和规模体量的社会办医开放，从而服务于更多的目标受众。例如，2021年8月，北京市首张民营互联网医院牌照就花落有着互联网基因的某心情诊所。

（3）转型应对策略

后疫情时代，保住现金流就是保住医疗机构的生命线。作为社会办医的创始人和股东，要理性客观地评估自己的机构，重点评估团队能力（医生团队、运营团队）、专科专病（技术能力、品牌认知）、物业牌照（物业性价比、牌照稀缺性），老客户积累的数量和质量以及老客户介绍新客户的比例和趋势。

如果评估结果显示机构还值得坚守，就要立即着手压缩成本、控制支出。机构应全面梳理人员结构和薪资结构，能"一人多岗"绝不"一岗多人"，能不储备人才就暂不储备；暂时取消"高保底"薪酬制度，改为全员绩效工资制，或在特殊时期暂行"低保底、高提成"薪资制度；有条件的机构还可适时推进合伙制和股权激励制度改革，让核心医生和高层管理人员真正成为机构的共同主人；坚决摒弃"大团队、大投入、大营销"的粗放型运营模式。

此外，机构还要以维护老客户、维持现金流为核心，调整业务结构和产品结构，坚决砍掉那些长期亏损且趋向萎缩的业务，重新制定价格体系，能降价的尽可能降价；紧紧围绕客户需求展开服务，深度优化服务流程，扎实改进服务不足和细节缺陷，为客户提供超越其预期的消费体验和极致服务。

对于医保型专科机构，除了要最大限度地压缩成本外，还要着力拓展非医保依赖型专科以及专病业务和产品。这不仅是机构的自救出路之一，更是为未来做增量的需要。医保型机构有医保基础客户群作为支撑，从中遴选出口腔、眼科等专科的高附加值客户。如果短期内无法突破专科专病支付方的局限，找个靠山或抱团取暖共渡难关也是备选项。

对于消费医疗而言，尤其是大中型单体医院、连锁医疗集团以及具有互联网基因的"小而美"式的连锁机构，都应尽早着手申报互联网医院牌照和互联网诊疗相关资质。消费医疗要充分利用互联网医疗政策红利期赋予的大好历史机遇，不仅可提供无形的线上服务，还可以销售部分有形的相关产品，从而实现业务和产品的结构转换和升级。

线上获客和销售产品的能力也将成为社会办医赖以生存的核心竞争力之一。例如，眼科机构可以销售护理液、护眼灯、眼保健品等，口腔机构可以销售口腔护理产品甚至可逐步拓展互联网正畸业务，医美机构可以销售美容护肤产品等。重要的是，这些产品有专业机构和专科医生作为信任背书。

> 2022年3月，获巨额融资不久的某正医疗正式上线了"某正严选"小程序，在线销售母婴用品以及口腔、眼科和皮肤等护理产品。

在互联网诊疗和互联网医院资质准入前，社会办医可以充分利用自建网站、公众号、微信群、健康热线等方式开展线上咨询和服务。如果私域流量太少，可以鼓励机构和医生尤其是在民营机构多点执业的公立医院医生入驻流量大的互联网医疗平台。

如果评估结果显示机构确实毫无竞争力，就不得不考虑转让或关闭。转让或关闭的决策类似炒股，能否及时止损或选择退出都需要非凡的勇气和决断力。即便要转让，也要讲究策略——如果机构决定将股权全部转让，自然是价高者得之；如果还想保留一点股权，则应优先转让给真正拥有医生和运营团队优势的买方，为了未来能获得更大的收益，即便价格低一点也可以接受。

无论何时，我们都要始终保持谨慎乐观的理性态度，"做最好的努力，做最坏的打算"，勇敢地面对这个更加复杂也更具不确定性的世界。未来，在社会办医尤其是消费医疗领域，有望探索出全新的商业模式。

6.1.2 洗牌：合规、出局、分化

后疫情时代，社会办医尤其是消费医疗加速跨入历史性大洗牌时代。事实上，早在 2015 年，社会办医就启动了新一轮的淘汰和分化进程，整个行业沿着"合规、合法、合理"的轨道悄然发生着变革。社会办医的合规之路不再是"走不走"的选择题，而是"不得不走"的必选项。在这种形势下，医疗从业者必须审慎面对合规性问题，不能再做"乱世出英雄"的春秋美梦，也不能心存侥幸，妄图蒙混过关。

社会办医的野蛮暴利时代已经彻底完结。如果选择从事的是消费医疗领域，从业者就要好好提升技术水平和服务质量，让患者或客户心甘情愿地付费。如果将医疗机构的属性定位为营利性，则从业者就必须走合规、合法的经营之路，依法纳税，赚合理的利润，别再把"无知"当"勇敢"，把"无能"当"情怀"。

未来社会办医大概率还会加速洗牌。疫情新常态只是暂时的，但经济新常态却是持久的，不能因为疫情新常态的斑驳而抹掉经济新常态的底色，未来更不能因为疫情新常态的结束

而误以为经济新常态也已经结束。在某种程度上说，疫情充当了掩护社会办医"裸泳"的反向潮水作用，从业者盲目乐观或选择性无视都将于事无补。

社会办医洗牌也直观地反映在资本市场上，不仅绝大多数医疗服务概念股呈现下行走势，而且有不少新股还频频跌破发行价，"出道即巅峰"的真实案例一个接着一个，这一点在港股市场表现得尤为典型。

即便是在疫情期间，医疗投资总体依然火热，但主要集中在生物医药、医疗器械以及互联网医疗领域。无论从资本总量还是从投资偏好和持续性上看，医疗服务投资都要远远逊色于生物医药等其他细分赛道。医疗投资冷热不均的背后，除了因为医疗服务无法像生物医药、医疗器械那样能进行批量生产，也无法像互联网医疗那样可实现指数化增长外，还与医疗实体运营大多尚未形成真正可复制的模式直接相关。

伴随着市场需求的理性升级和客户认知的品质追求，医保支付的深刻变革和监管政策的从严执行，运营理念的转变升维和营销模式的更新换代，长期资本的持续涌入和人才团队的优化重组，在供需多重要素力量的综合推动下，社会办医终于迎来了全新的面貌。曾雄踞于社会办医半边天的"医疗野蛮人"将被加速洗牌出局。这种出局是医疗服务行业从无序发展走向有序发展的必然结果，疫情只是洗牌出局的催化剂和加速器而已。

有人出局，自然就有人整装入局。在医疗服务短期逐利行为遭受市场的猛烈打击后，在中长期资本加持下的各路英雄豪杰终于肯沉下心来脚踏实地做医疗、真心实意地做服务。他们高度认同"质量和安全是品质医疗的前提和基础"，重视消费体验和全链条服务将是差异化竞争的关键。跨界入局者、转型彻底者、医疗正规军、行业监管者等势力将加快驱赶行业里的"野蛮人""杂牌军"出局。未来，社会办医"我本将心向明月，奈何明月向沟渠"的尴尬处境将会变得越来越少，真心付出终能换来诚意回报。

社会办医新时代是大资本、大财团合纵连横、组团并购的大时代，是医生团队和运营团队崛起的好时代，是"大而全"吃亏、"中不溜"吃土、"小而美"吃香的结构性分化时代。在新形势下，有资金比有牌照重要，有人尤其是有医生和运营团队比有资金重要。因此，资金雄厚的资方联合拥有靠谱认知团队的组合将会大有作为。未来的社会办医比拼的是耐力和韧性，"扛得住、活得久"才是王道。

6.1.3 重塑：人才、资本和赛道

入局者的多样化和专业化是一个行业持续健康发展的主要表现。越来越多的医疗产业利益相关方加速了产业链整合步

伐，药品耗材、设备器械、软件信息、互联网医疗等公司都在加快布局实体医疗机构。然而，只有医疗投资者和从业者实现认知重塑、行为重塑，才真正有可能实现整个医疗行业的重塑。社会办医不再只是单纯做赚钱的事，而是要做不但赚钱更值钱的事，这将成为业内的普遍共识。复利思维和长期主义将成为社会办医的主流趋势。

未来将会有越来越多的医生、中长期资本积极投入到社会办医中。医疗服务行业也将逐步从资本强势向团队强势倾斜，"得人才者得天下"。医生合伙办医时代正式到来，全身心加盟社会办医的中青年骨干医生将会越来越多。"小而美"门诊部、诊所业态遍地开花，如何找到靠谱的医生合伙人和运营合伙人将成为继牌照、资金之后的核心痛点，中高端医疗人才猎头市场的竞争将不断加剧。

在人才整合方面，社会办医需要关注以下几个主流趋势：

> ①高阶人才纯背书式加盟将受到市场冷遇
>
> 即便是院士、"国医大师"、学会主任委员等人的挂名宣传也不再受市场青睐，中高端客户并不会单单为了一个"超级"名号买单。多数高端医疗机构的运营状况依然不理想，"有医生无运营、有底气没人气"的窘境将会愈加突出，从而不得不向优秀的医生和运营团队抛出实质性合伙的橄榄枝。

②人才流动上可能出现体制内外大规模的双向流动

一方面，社会办医的骨干医疗人才尤其是紧缺领域和专科的医生、护士，如急诊、大内科、大外科、妇产科的人才可能会部分回流到公立医院（主要是新建分院或迁址扩建医院），寻求安全庇护或过渡调整；另一方面，以消费医疗为主要代表的市场化专科，特别是口腔（正畸）、眼科（眼视光）、医美（轻医美）、中医（新中医）、康复（新康复）、精神（新心理）等专科优秀人才也会加速脱离公立体制或一只脚跨出体制，选择执业更自主也更安全的个体户创业或抱团式发展之路。

③人才整合最有效的方式不是外力驱动或激励模式的推陈出新，而是源于自我实现的内在驱动力

曾一度被视为"激励圣经"的合伙人计划将越来越成为"食之无味、弃之可惜"的鸡肋，"假合伙"将逐步让位于"真合伙"。创业将成为部分核心高管人员和医生团队的首选项，除了有钱还要有权，即便无法拍板，至少也要能参与决策。不过，我们仍要清醒地看到，医疗创业虽已成气候，但成为创业失败者的人数也随之增多，其根源在于要么"刨了个假业"，要么是"投机式创业"。

除了人才外，资本还会继续涌向医疗行业，但是主因并非医疗行业的钱容易赚。医疗服务行业本身的薄利状态将可能

成为未来很长一段时间的新常态。肿瘤、脑科、康复和辅助生殖等"重资产、强技术"赛道依然会吸引大资本持续加码。与此同时,"轻资产、重体验"的消费医疗尤其是眼视光、口腔科、轻医美、新心理、新康复、新中医等赛道也会成为资本投资和并购的热点。

医疗投融资双方都需要强有力的医疗运营管理团队,独立的第三方专业运营管理公司趁势兴起。融资方需要第三方团队通过实质操盘来美化报表,以期给自己的机构找个好人家、估个好价钱。投资方为了避免捡漏变掉坑,也需要第三方团队做出好业绩以便于合并报表或择机退出。纯中介性质的医疗并购FA越来越没有业务,真正懂医且能整合优势资源的赋能型FA有望崛起。

从区域上看,一二线城市的消费医疗市场远比三四线城市靠谱,不仅眼视光、轻医美项目如此,新康复、新中医和新心理项目更是如此。市场上还可能会诞生医生主导、带有消费属性的新妇科和新男科"小而美"门诊部和诊所。未来,社会办医大概率会迎来在资本市场上市的小高潮,A股市场很可能仍倾向于以眼科、口腔等为主要代表的安全型消费医疗专科连锁集团上市,而医美和妇产等风险型消费医疗专科连锁集团以及非消费医疗领域的医疗服务实体机构,多数只能选择港股或在海外上市。

6.1.4 变革：模式、路径和升级

在国内国际"双循环"相互促进的新发展格局下，社会办医大多只参与了国内大循环，未来多数单体医疗机构的成本、收入和利润都可能会降低，社会办医商业模式或将彻底变革。其医疗服务是否具备高性价比将是考验未来社会办医机构的核心指标，这不仅考验医疗团队，还考验运营团队。"大做小、量做多、抱大腿"，将是多数社会办医机构最务实的主导生存策略。

新形势下，社会办医运营主要面临两大难题，一方面要大规模提高来诊总量，但获客却又是最难的；另一方面要精细化、低成本运营，但人力成本和物业租金也不能说减就减。因此，如何低成本获客和薄利多销，成了社会办医机构能否活下去的关键所在。靠搜索高价引流的时代将被加速抛弃，个性化、长尾化、场景化营销将成为主流。社会办医必须重构甚至彻底放弃"高举高打、拉高均值、冲大业绩"的惯性运营模式。

任何一个流量入口都可能成为线下医疗实体的导流风口。无论是团购、电商、社交，还是知识分享、生活平台、游戏竞技，只要流量基数够大，都是社会办医和消费医疗营销的兵家必争之地。甚至，市场上还有可能会推出全新的、类消费的医疗信息服务平台。"流量即媒体，用户即渠道"将迅速成为医

疗从业者的普遍共识和深刻领悟。营销客服化，即对忠诚患者群和粉丝群以及超级用户的精准运营和维护能力，将成为社会办医尤其是消费医疗的决胜力。

未来社会办医的商业模式很可能不是靠医保赚钱，甚至不是靠传统医疗服务本身赚钱，而是靠医疗服务衍生出的非医疗产品或服务赚钱，靠机构估值、市值等股权增值赚钱。"三甲医院开设月子中心"的现象无疑是公立医院顺应趋势进行转型的缩影，也是整个医疗行业大变革的前奏。此外，互联网医疗将大大突破社会办医赢利模式变革的边界，不再只是从服务到服务的初级衍生。未来靠非医疗服务或产品赚钱的社会办医商业模式有望得到验证，率先走通的大概率会是在消费医疗领域。

社会办医变革除了需要商业模式创新外，还需要管理创新。管理创新是继机制创新和运营创新后的又一内功，其基础是"人财物"管理创新，本质则是服务创新。人，主要指医生多点执业；财，用自己的钱来创业，用别人的钱来扩张，融资发展将逐渐成为主流业态；物，主要是指高价值仪器设备租赁化。除了单要素共享模式的管理创新，还有医学影像科和医学检验科等辅助科室或非核心业务科室集"人财物"共享于一体的协议式管理创新。

管人，将更加个性化、人性化和自主化；管财、管物也将更加规范化、智能化和电子化。无论是人、财还是物，都将大步迎来"不求所有、但求所用"的共享趋势，就连一直不被重视的医疗核心信息和数据都可能成为各利益方激烈争夺的新要素。

管理即服务，消费医疗的服务对象除了患者、客户，还有员工，服务创新将突出差异化、超预期等个性和优势，从而形成独特的价值主张和品牌标签。

关于消费医疗在运营路径的策略选择，在一二线城市，专科成熟度较高的医美和口腔等专科的主流策略将是偏保守的"医疗向右"，而专科成熟度较低的眼视光和新康复等专科以及三四线城市的医美和口腔等专科，在疫情新常态和经济新常态的双重叠加形势下，其主导策略仍是偏激进的"消费向左"，以谋求生存。但是消费医疗的总体趋势和方向无疑是确定的，即将逐步从"消费向左"转向"医疗向右"。

医疗服务的零售属性将越来越得到挖掘和重视，互联网医疗将充分展现"降本增效"功用，特别是在5G时代，随着物联网、大数据、人工智能、虚拟现实技术、增强现实技术等的发展和应用，其功用将被发挥得淋漓尽致。阿里巴巴前高管曾鸣提出的"S2b2c"智能商业模式将逐步渗透到社会办医尤其是消费医疗领域中，从而有望真正重塑整个医疗行业和重建医疗产业全新生态。各类大小不一的医疗机构将凭借其机构、医生的信任背书和精准目标人群聚集的双重优势，成为未来新零售、新消费的最佳场景和入口之一。

对大多数社会办医尤其是消费医疗而言,"小而美、真合伙、做专病、攻消费、精细化、线上化、低成本、活下去"将成为主流模式和路径。社会办医从医疗上赚快钱的旧时代已经渐行渐远,从医疗上赚慢钱、从资本市场和衍生产业中赚快钱的新时代正朝着懂行又有耐性的医疗人慢慢走来。

6.2 展望趋势:眼科、口腔和医美

无论是医疗创业者还是投资者,都应深入了解和把握社会办医的市场动向。这里将重点展望眼科、口腔和医美等消费医疗热门专科专病在未来可能会经历的发展方向和趋势。

6.2.1 眼科:大回归与新机遇

经历近二十年的飞速发展,眼科早已成为医疗创业和投资的热门领域,眼科市场开始呈现出"大回归"的趋势,也迎来了新机遇。

(1)公立三甲医院眼科逐步恢复元气

随着民营眼科连锁医院的快速崛起,公立医院在眼科市场中的地位变得岌岌可危,特别是白内障和屈光两大专科病种,市场占有率已被民营眼科医院抢占大半。这从原国家卫生

计生委医院管理研究所旗下的"中国防盲治盲"公众号平台发布的《2013年、2015年和2017年白内障复明手术报送情况排名》上也能得到充分证明。在全国排名前三十中，社会办医上榜的数量已连续多年超过公立医院。甚至不少省市多年拔得头筹的都是民营眼科医院，这还不包括民营眼科医院少报甚至不报的情况。

相比白内障业务，无论是全飞秒、半飞秒还是准分子激光等屈光业务乃至眼视光业务，公立医院的业务量总体也要比社会办医更为惨淡。公立医院真正能保留的优势，往往只剩下眼科疑难杂症和资源垄断专科，如眼眶肿瘤、眼底玻切和角膜移植等。

难道是公立医院的技术和品牌落后了吗？当然不是。社会办医的体制和机制优势以及眼科市场需求的快速觉醒导致了公立医院眼科的相对凋零。不过，这种情况自2018年起已有所扭转，这要归因于以下3点：

> ①公立医院改革已有实质性推进。
> ②社会办医的广告和筛查引流模式遭遇瓶颈期。
> ③眼科市场教育普及度得到空前提升。

三股合力促使公立医院的眼科，尤其是具有眼科传统优势的公立三甲医院逐步恢复元气。而社会办医一旦没有优惠免费助力和集中接送服务等灵活政策，患者自然就会返流到公立三甲医院。这还要归功于民营眼科医院多年来为基层患者所做的地毯式、广覆盖的义务科普宣教。

(2) 筛查和广告型眼科医院日渐衰落

在公立医院逐步恢复元气的同时,那些高度依赖筛查和广告引流的民营眼科医院开始日渐衰落。对于当下及未来的社会办医来说,技术和品牌才是核心,传统营销策略不再是核心。过去,民营眼科医院凭借灵活专注的独特优势和空前宽松的营销环境,在白内障、屈光和视光三大专科病种上策马奔腾、风光无限,成就了诸多区域性乃至全国性眼科连锁集团。

随着医疗市场环境的变化,民营眼科医院遭遇了空前的障碍和阻力,业绩天花板也愈来愈近,甚至个别局部市场已呈现出透支迹象,白内障、屈光等传统高毛利病种都面临着增长瓶颈。

白内障业务高度依赖社区筛查、优惠免费和医保支付。在国家医疗保障局严监管时代,不少省市已直接叫停了以往集中式的社区或乡村筛查活动,优惠措施都难以持续,更不用说免费了。面对医保基金总体越来越严格管控的形势,白内障作为典型的医保依赖型病种,其增长空间也已经没有以前那么大了。

屈光业务主要靠网络广告和渠道合作来引流,网络竞价模式已然萎靡不振(竞价推广和网络咨询虽然还会存在,但是从业者和受众的人心早已动荡），其他网络广告引流模式又尚未成型，再加上屈光手术刚性需求下降（新生人口逐年下降，征兵、高考、公务员考试对视力的总体要求都有所下调），致使其增长也不再像过去那样强劲。

眼科运营虽然还有三大冷门武器：要内涵靠眼底（外科）、要装酷靠青光（眼）、要垄断靠角膜（移植），但是冷门武器不是一朝一夕就能舞动得起来，即便舞动起来也很难进行复制。

（3）医生创办的"小而美"机构逐渐成为潮流

公立医院和社会办医这种相对竞争格局，无疑会催生不少眼科医生自立门户，"小而美"的眼科门诊部或诊所以及轻资产的眼科医生集团将成为医生创业的首选。

让那些早年离开体制进入民营眼科医疗机构的眼科医生回归体制显然不太现实，且不说原先的岗位早已有人接替，就经历过市场洗礼的医生而言，其认知和心态也早已发生变化。即便医生重回公立医院，大多也是选择多点执业模式。对于那些具有IP特质的流量眼科医生来讲，创办眼科门诊部或诊所则是一个不错的选择。

面对屈光和视光传统引流模式受限的困境，不少眼科集团管理层开始坐立不安，既想以集团之力打造眼科医生IP，又担心该医生成名后会自己单干。特别是有些眼科医生不仅临床业务做得好,还会运营自媒体,他们的忠诚粉丝越多,管理层就越是心存芥蒂,不得不时刻提防着。视光师也是如此,那些累计验配过 500 片 OK 镜的视光师,就很可能成为管理层重点防备的对象。

然而,靠"防"是防不住的。但遗憾的是,大多数管理层往往不肯改变和提升自己的认知层次,而是对优秀人才一味地防备甚至围追堵截,继续玩期权游戏、打廉价人情牌,结果必然是一拍两散。医生创业早已不再是"离经叛道"之事,已经逐渐成为业内一股不可或缺的新兴势力。

医生创业如果担心风险过大,可以优先考虑创办医生集团试水练手,选择和医院进行 PHP[①] 合作实现低风险创业。如果创办独立的眼科门诊部或诊所,也不用担心没钱买设备。只要医生有流量有技术有运营团队,设备也可以选择与生产商或供应商合作投放。如果选择眼视光为主营业务,不仅设备投入和物业租金的成本较低,而且眼视光患者黏性强、复诊率高,又注重服务品质和消费体验。相比"大而全"眼科医院,"小而美"式的眼科门诊部或诊所更容易形成"八爪鱼"连锁模式。

(4)眼科"黑天鹅"事件爆发概率陡增

眼科市场迅猛发展了十几年,客观上积累了不少历史遗

---

① PHP,Physician Hospital Partnership,医生-医院伙伴关系。

留问题。在医疗行业沿着"合理、合法、合规"道路转型变革的时代背景下，这些问题随时都有可能被一夜捅破、惊爆。

眼科传统三大主营业务都有可能暴发"黑天鹅"事件。白内障业务中，部分存在医保违规违法问题；屈光业务中，多年前就有过业内著名屈光手术专家的"封刀"风波；视光业务中，角塑早在二十多年前就有过"OK镜不OK"的感染事件，新兴的哺光仪也存在滥用和杂牌众多的乱象。

总体而言，在医疗服务行业转型变革之际，眼科市场也将迎来大洗牌时代，具体表现在以下几点：

> ①眼科黑马和新秀将愈战愈勇，在视光和屈光细分领域崭露头角。
>
> ②抢先上市的眼科集团将并购未能上市的区域性眼科连锁机构和单体眼科机构。
>
> ③眼视光投资将迎来历史性高光时刻，"有眼光，投视光"将成为医疗圈和投资圈的共识。
>
> ④拥有医生和运营团队优势的眼科连锁机构，会比靠营销或依赖区域特定资源生存的机构走得更稳、更远。
>
> ⑤核心人才实质性入股合伙的眼科连锁机构，会比依赖"合伙人计划"期权激励制度的机构优势更加凸显。

人是最根本的核心竞争力，只要看眼科医生和职业经理人流向，基本就可推测出众多眼科连锁集团中谁能笑到最后或实现弯道超车。

6.2.2 视光：大市场与新风口

当下的视光市场像极了十多年前的美容市场——它先是被生活美容教育，随后进行整顿规范、行业升级，最后才迎来了大爆发。我们从美容市场的演变轨迹或能预见视光市场的未来走向。

> 人们对美容的最初认识是从街边的美容院开始的。在生活级仪器和手段无法达到理想效果后，有些生活美容机构选择铤而走险，违规使用医疗级仪器和治疗手段，从而导致生活美容和医疗美容机构鱼龙混杂，美容行业乱象丛生。随着监管政策的利剑出鞘和整顿规范，生活美容伸向医疗美容的那一双双不安分的手才开始变得安分起来。在这种形势下，生活美容升级为科技美容或转型为医疗美容，医疗美容则降维或拓展出了生活美容业务，美容行业逐步迈向有序融合之路。

人们对视光的最初认识也是从街边的眼镜店开始的。视光市场先是成就了诸多知名连锁眼镜品牌，而后又涌现出了数十个号称全国连锁的视光中心和视保中心品牌，同样鱼龙混杂、野蛮成长。在近些年视光行业监管趋严的形势下，视光市场也正在走向类似美容市场的融合道路。

(1) 近视防控有望获得政策补贴

2019年，近视防控工作已经上升到国家战略的高度。然而，无论是验配框架眼镜还是验配角膜塑形镜，无论是建立屈光发育档案还是屈光激光矫正手术，都属于自费项目，不能走医保报销。未来，考虑到医保总盘子的承受力和"广覆盖、保基本"的定位，近视防控消费的自费属性大概率不会改变，但是有可能获得政策补贴。

政策补贴要么补供给方，要么补需求方。补供给方的方式极有可能是通过政府购买服务来进行补贴；补需求方的方式则可能是通过相关医疗消费抵扣个税的方式来实现的。

> 2018年8月30日，教育部、国家卫生健康委员会等8部门联合印发《综合防控儿童青少年近视实施方案》。其中，明确了以下几点：
>
> "国务院授权教育部、国家卫生健康委员会与各省级人民政府签订全面加强儿童青少年近视防控工作责任书，地方各级人民政府逐级签订责任书。"
>
> "将儿童青少年近视防控工作、总体近视率和体质健康状况纳入政府绩效考核。"
>
> "从2019年起，每年开展各省（市、区）人民政府儿童青少年近视防控工作评议考核，结果向社会公布。"

各级政府签了责任书又认领了绩效考核指标，还要向社会公布考核结果，自然会有一系列的相关落实措施。最为可行的方式或是通过各区县疾控中心等相关部门购买近视防控专项服务。无论是公立医院还是社会办医，只要提供了符合要求的近视防控服务，都有可能被政府购买。在眼科领域，类似购买服务和基金补贴的政策早已有之，如各省市残联、扶贫办和慈善组织的儿童低视力服务补贴和老年白内障复明基金援助等。

（2）业务营利模式逐步脱实向虚

人们的消费理念向来是"重实物、轻服务"，看病消费也不例外，医生诊疗费高就嫌贵，药品价格高却觉得物有所值。典型的反差例子是，患者如果花两三百元挂了特需专家号，专家只给他开了二三十元的药，患者往往会认为这号挂得不值。

随着医疗支付模式改革的推进，按诊疗项目收费的主流付费模式势必会被逐步淘汰，取而代之的是单病种付费、DRGs模式付费、DIP模式付费和按诊疗人次计费等。对于眼视光诊所或门诊部而言，眼健康管理服务收费模式的具体实现路径很可能是收取会员制年费模式或按服务人口数量收费的任务包干模式。

未来的眼视光门诊部和诊所将可能通过眼视光医师和视光师提供的技术和服务等无形产品实现盈利，而不是主要通过销售眼镜、OK镜和RGP等有形产品实现盈利，即"脱实向虚"。有形产品很可能只是近视防控和眼健康管理的必备耗材和工具手段，并非眼科机构的主要收入来源。甚至在某种前置条件下，眼镜将成为一种专业服务的附赠产品，实现"产品免费、服务收费"的全新商业模式。

（3）中小学生近视防控成必修课

就近视防控的重要性而言，宏观和上层已经足够重视，但是微观和基层的重视度还远远不够。在学校老师和学生家长的认知里，近视防控大多还只是"选修课"般的存在，还没成为"必修课"。

> 2019年，杭州某小学因爆出"近视不能评三好学生"的规定而引起争议，反对声音甚多。杭州有关部门不得不就此规定予以澄清，不是"近视一律不能评三好学生"，而是"视力要求5.0以上或低于5.0，但一个学期视力下降幅度不超过0.1，连续两个学期视力下降幅度不超过0.2"才能评"三好学生"。

"三好学生"是指"思想品德好、学习好、身体好"的学生。其中，"身体好"要求学生坚持锻炼身体，积极参加文体活动，有良好的卫生习惯，身体健康。近视是一种公认的常见眼病，高度近视还容易引发视网膜脱离、萎缩变性、出血和裂孔以及玻璃体混浊和青光眼等严重眼病，显然不能算身体够好。最重要的是，除了极少数的先天性近视外，近视还与平时户外活动少、卫生习惯不好紧密相关。因此，即便是规定近视的学生不能评"三好学生"，也并非毫无依据。

鉴于我国已成为近视大国的严峻现实，近视防控有可能也有必要纳入中小学生"必修课"，从而有效地遏制儿童青少年近视率进一步提升和近视度数过快增长。

（4）制约眼视光的政策封印揭开

制约眼视光尤其是民营眼科医疗机构的眼视光业务发展的主要政策之一是 2008 年 6 月 27 日原卫生部和教育部联合印发的《中小学生健康体检管理办法》（以下简称《办法》）。《办法》中明确限定体检机构必须是政府举办的公立性医疗机构（包括教育行政部门所属的区域性中小学卫生保健机构），眼科体检内容仅限于视力、沙眼和结膜炎三项。该规定已执行十余年，显然无法适应当前近视防控的严峻形势。

2018 年 8 月 30 日，在教育部、国家卫生健康委员会等八部委印发的《综合防控儿童青少年近视实施方案》中，明确要求加快修订《办法》等文件。2021 年 9 月 30 日，国家卫生健康委、教育部联合印发了《中小学生健康体检管理办法（2021 年版）》（国卫医发〔2021〕29 号）。修订后的《办法》明确了健康体检机构资质不再仅限定公立医疗机构，眼科检查除了眼外观、远视力和屈光度等基本项目外，还增加了眼位、色觉等可选择项目。社会办医尤其是民营眼科医疗机构终于获准可以单独或联合公立医疗机构走进校园开展学生健康体检活动。

角膜塑形镜验配和零售的相关政策也有可能修订。2001

年 8 月 17 日，原卫生部下发了《关于加强医疗机构验配角膜塑形镜管理的通知》，明确要求验配角膜塑形镜的基本条件之一必须是二级（含二级）以上的医疗机构。截至 2022 年，该文件发布已过去二十多年，也早已不合时宜。可预见的是，相关文件的修订将可能弱化医疗机构的等级要求，转而强化人员资质、设备配置、硬件设施和操作规范。

未来的眼视光门诊部或诊所很可能只要有符合资质要求的眼视光医师和视光师，设备配置和硬件设施符合相关规定且严格执行操作规范，就可以验配角膜塑形镜。无论政策如何修订，医疗机构验配的底线都不能破。视光中心或眼镜店不能私下违规验配，更不能明面上只有零售资质，但实质上却提供验配零售一体化服务。

（5）数据时代的入口和应用场景

5G 技术将大大加速数据时代的到来。未来是"数据为王"时代，医疗大健康更是如此。在眼科领域，大数据应用最为可行也最有价值的项目是眼底影像学 AI 辅助诊断和儿童、青少年屈光发育管理。

眼视光连锁门诊部或诊所将成为数据时代的最佳入口和应用场景。除了提供中老年人眼底影像学人工智能辅助诊断和筛查服务外，近视作为儿童青少年常见的慢性病，建立包括屈光发育档案在内的健康数据库意义重大。例如，通过应用大数据对近视高发人群进行监测，为近视患者制定个性化的健康管理方案，寻找近视循证医学证据。

不仅如此，眼科诊疗设备厂商、健康管理类智能硬件供应商、眼科药企、互联网医疗公司、眼科医疗集团以及保险公司（如开发近视险、失明险等新险种）等眼科产业链条上的各类参与者，还有教育、卫生、科技等部门，都将深刻认识到数据蕴藏的巨大价值。"得数据者得天下"将成为未来的主流共识。

6.2.3 口腔：大分化与新整合

作为同属于传统大五官科和资本热门投资赛道的口腔科，常被拿来与眼科相提并论。然而，口腔科与眼科却大有不同。具体情况如表6-1所示。

表6-1 口腔科与眼科的不同点

专科 区别	眼科	口腔
业态发展路径	民营眼科基本从眼科医院起步，目前正在向眼科诊所和门诊部加速拓展	民营口腔科基本从诊所和门诊部起步，近年来有向口腔医院延伸的倾向
公立医院专科发展	眼科大多沦为体检辅助科室存在，基本不开展手术，门诊最常见的业务是开眼药水；如果按照单科室进行成本核算，眼科基本都处于亏损状态	口腔科即便再失宠，基本都还能存活，可开展的业务也较为全面

续表

专科 区别	眼科	口腔
独立疾病预防机构发展	眼病防治所基本名存实亡、溃不成军	牙病防治所大多名副其实、保留建制和体系
公立医院医生创业	公立医院的眼科医生即便再有名望，大多也没有自己的眼科医院、诊所或门诊部，早年创业的眼科专家也大多把机构转让给了上市公司或眼科连锁集团	公立医院的口腔科医生包括科主任，特别是在当地有知名度的口腔科专家，不少人或明或暗地有自己的口腔诊所或门诊部
民营连锁集团设立专科学院	民营眼科连锁集团早有独立的医学院或二级学院性质的眼科学院和眼视光学院。例如，眼科连锁上市公司某氏眼科早在1999年就创办了医学院和眼视光学院，某尔眼科在2013年与中南大学联合创办了眼科学院，2014年又与湖北科技学院合办了眼视光学院	民营口腔连锁集团一直没有自己冠名的口腔医学院或正畸学院，直到2019年，口腔连锁上市公司某策医疗才与杭州医学院联合成立了口腔医学院

口腔科与眼科之间的差异由其专科特性和市场环境共同决定。从发展趋势上看，口腔科市场下一步会如何演绎？又会与眼科市场有哪些异同点呢？

(1) 公立医院口腔科进一步分化

具有传统优势的三级公立医院口腔科和二三级公立口腔

医院依然"大者恒大"。作为口腔科人才的"黄埔军校"，其地位和优势将进一步得到巩固。他们不只解决口腔疑难杂症，口腔科利润较高的种植、修复和正畸等细分专科也将持续强势，同时还不得不承担部分民营口腔机构遗留下来的返工补台工作。

二级及以下公立医院的口腔科作为夹心层处境越来越尴尬，医生和患者都面临被三级医院虹吸和民营口腔机构争抢的困境，其市场份额将越来越小，陷入"医生留不住、患者引不来"的恶性循环，也就是"弱者恒弱"。

口腔专科特性决定了其本地化服务属性，"小而美"机构具备天然优势，很难出现一家独大、吃独食的跨区域市场垄断。无论是公立医院的口腔医生还是社会办医的口腔医生，创办属于自己的口腔诊所或门诊部的意愿和能力都越来越强，"一人吃饱、全家不饿"式的创业模式将成为新潮流。在诊所备案制政策利好的推动下，医生主导型口腔诊所一般只服务周边居民，患者黏性强、体验好，医生自由度更高，个人收入也可能更有保障。更重要的是，靠在老东家多年打拼积累下来的稳定客源也给了口腔医生足够的创业勇气。

（2）民营口腔连锁机构出现倒闭和并购

近些年来，民营口腔连锁机构在资本的推动下迅猛发展，区域性口腔连锁集团不断涌现，动辄获得数亿元融资。然而，从资本市场上看，全国性连锁口腔机构很难上市。区域性连锁口腔机构为了上市，有的出于务实而抢先登陆港股，有的则依然紧盯 A 股，口腔连锁投资"爆雷"是迟早的事情。从口腔市场上看，不只在一二线城市，在很多三四线城市，口腔医疗机构的竞争都已呈现红海态势。主要表现在以下几点：

> ①口腔机构数量多且越来越密集。
>
> ②口腔科越来越细分，聚焦儿童口腔、口腔正畸、口腔种植等细分专科的连锁机构不断涌现。
>
> ③服务业态从口腔诊所、口腔门诊部升级到口腔医院。
>
> ④从口腔机构自主经营到 DSO 专业化服务外包。
>
> ⑤运营模式线上线下分化显著，单店大多主攻线下，连锁主攻线上线下一体化。

口腔连锁机构从争夺患者到争夺医生，从争夺牌照到争夺物业，最后都将迅速转为争夺业绩。部分口腔连锁机构包括口腔连锁新贵，都可能出现旗下门店关门倒闭或甩卖收缩的情况，抢先上市的口腔连锁集团的并购之路并不平坦，掌握医生和运营团队核心资源的连锁机构将获得更多的话语权。口腔连锁医疗集团最难的可能不再是获客，而是摁住骨干医生出走单干的心。

（3）口腔业务可能加速医美化和互联网化进程

口腔业务可能加速医美化进程体现在两个方面：一方面，

传统口腔服务原先依赖材料不同所形成的价格体系将逐步趋于公开和透明，这意味着打价格战不可避免，整体单价将呈下降趋势；另一方面，部分中高端口腔将可能转向医美化，包括美容冠、隐形正畸，还有牙齿咬合不齐、儿童颜值管理等。其产品和服务都将变得更聚焦、更系统，从而逐步从口腔治疗和功能修复转向美学修复。

口腔业务医美化早有苗头，主要表现在 3 个方面：

> ①整牙堪比整容。不少牙齿问题如牙列不齐、牙齿前突（俗称"龅牙"）或反颌（俗称"地包天"）等，均可能在不同程度上影响容貌，通过矫正牙齿确实可实现部分整容的效果。
>
> ②不少医美人投身口腔行业。医美行业的竞争已趋近白热化，于是不少医美从业者尤其是非临床医学岗位的医美人转行到口腔行业。
>
> ③会议营销和咨询师模式初显威力。医美行业常用的会议营销模式和现场咨询师模式已逐步运用到口腔行业，在服务模式和业绩贡献上已获得初步认可。

口腔业务中最有可能被互联网化的细分领域是正畸。国外"互联网＋正畸"的创新模式已被国内口腔机构争先模仿、复制和实现。这种创新模式具有价格更低、体验更好的优势，特别是对于轻中度牙齿畸形的 95 后乃至 00 后年轻患者更具有吸引力。

（4）口腔产业链整合渐成新风口

由于口腔行业市场化较早，资本投资也早，所以口腔产业链极其完善且成熟。上游有国内外各大品牌的口腔设备和耗材生产商，中游有各种新兴的口腔信息化软件和信息平台以及DSO服务机构，下游有各路资本争先恐后涌入的口腔医疗服务机构。更关键的是，口腔产业链的上中游大都具有高利润属性。

在可预见的未来里，一方面，口腔产业链上游和中游的诸多大集团，特别是中高端品牌的耗材生产商和数字化信息平台、DSO服务商，将逐步自建或协同并购口腔诊所和门诊部；另一方面，下游的口腔连锁机构也将进一步向上延伸并购耗材生产供应商。这两股势力合力共同构建口腔细分领域的产业链整合业态，将成为口腔医疗行业内不可忽视的新生力量和投资风口，其中尤以国资背景的口腔集团和投资口腔全产业链的头部资本表现最为突出。

6.2.4 医美：大监管与新融合

相比眼科和口腔市场而言，医美市场向来更混乱、更暴力（暴利）。过去"重消费、轻医疗"的策略容易滋生容貌焦虑，违法违规现象花样百出，不可避免地迎来了行业大监管时代，甚至可能成为新一轮"扫黑除恶"的重灾区。在行业严格监管的形势下，医美市场可能呈现出哪些趋势呢？

（1）公立医院整形美容"精神分裂"

公立医院整形美容科无疑是一个特殊的存在。整形外科大多脱胎于烧伤科和修复重建科，美容外科又从整形外科进一步分化出来，美容皮肤科则从皮肤科分化而来。

已故的中国工程院院士、中国整形外科奠基人之一张涤生教授，主张将整形外科提升为形态修整和功能恢复兼具的整复外科。但是，我国目前对它的通行叫法仍为"整形外科"。国家卫生管理部门修订的《医疗机构诊疗科目名录》中只有"整形外科"并无"整复外科"，除了上海交通大学医学院附属第九人民医院等极少数公立三甲医院有"整复外科"，绝大多数美容医疗机构科室挂牌基本都叫"整形外科"。绝大多数医生的工作胸牌上写的也都是"整形外科"，而不是"整复外科"，更不是"美容外科"。

业内有一个基本共识，公立医院整形外科（整复外科）和皮肤科是拿课题、发论文、评职称等用的，可以在体制内外立威，更可以在体制内立名。然而，真正让科室和医生能生存乃至发展得更好，还是要靠"美容外科"和"美容皮肤科"。

公立医院包括头部品牌三甲医院在整形美容领域的这种"精神分裂"状态还将持续下去。然而，公立二级医院甚至不少三甲医院的"整形外科"，要么形同虚设乃至消亡，要么名为"整形外科"干的却多是"美容外科"的活,最终将随着民营医美机构的快速崛起而逐步沉沦。

(2)民营医美机构加剧分化趋势

受益于经济快速发展的时代红利,民营医美机构在近十年来得到了爆发式的发展,大小医美连锁集团林立。有以医院业态为主的连锁集团,也有以门诊部或诊所业态为主的连锁机构,更有以医院、门诊部和诊所混合业态整合而成的连锁集团。医美连锁机构可以在美股、港股上市,但在A股独立上市的机会依旧渺茫。即便资本市场的医美概念股曾一度风光无限,但是从整个行业来看,作为产业链下游的医美机构的财务报表只会越来越难看。

医美两极分化愈加显著。

> 一方面,绝大多数医美机构不可避免地批量平民化,包括规模化连锁医美集团和大多数单体美容医院。"大而全"医美连锁集团面临的挑战除了获客成本长期居高不下外,还有核心医生和运营团队的出走,特别是具备个人IP特质和客源基础的轻医美领域资深医生等稀缺型人才的流失。
>
> 另一方面,医生和资深咨询师或职业经理人合伙创办"小而美"诊所和门诊部将成为一股新生势力,极个别服务特定群体的品质医美机构正焕发着低调奢华的隐秘魅

> 力，如从单纯的"医美"抗衰（以面部抗衰、形体抗衰为主的"外在美"抗衰）上升到真正的"医学"抗衰（融合了机能抗衰的"内在美"抗衰），如主要为留学生等年轻人群服务的微整机构。

在医美行业被从严监管的形势下，以与美容院渠道合作为主的医美机构愈加式微，一些渠道型医美机构存在不少涉嫌医疗欺诈、价格欺诈和偷税漏税等违法违规问题；没有核心竞争力的投机型医美机构（业态以门诊部为主、小型医院为辅）不得不寻求转型和转让乃至最终倒闭；不少新入局的医美机构错过了医美暴利时代，在"拼成本、拼价格、拼韧性、拼服务"的竞争环境下，大多哀叹生不逢时，不得不退出市场。

（3）医美机构CSO模式趁势崛起

医美行业的竞争越来越激烈，医美格局分化越来越明显，医美运营难度也越来越大。不少医美机构正急着寻找职业经理人或靠谱运营团队进行托管或合作。类似口腔DSO模式的医美CSO[①]模式将趁势崛起。特别是由医生独自创办的"小而美"式医疗美容诊所或门诊部，为了应对日益惨烈的市场竞争，将不得不寻求专业的第三方CSO进行合作。

CSO模式既不是托管，也不是承包，其具有机制更灵活、

---

① CSO, Cosmetology Service Organizations，美容医疗服务组织。

模式更实用、形式更多样等诸多显著优势。在这种模式下，医生团队拥有医美机构控股权，运营团队则拥有 CSO 机构控股权，这样既可避免医生团队和运营团队的控股权之争，又无双方长期绑定之忧。在具体合作模式的选择上，既可紧密合作，如医生和职业经理人可在各自控股的机构相互参股；也可松散合作，如职业经理人只担任医美机构运营咨询顾问等。

医美领域已有不少 CSO 机构初显身手。不少 CSO 机构创始人都是职业经理人或医美营销人出身，他们或以医生集团的名义，或以医疗管理公司的名义，甚至以个人运营顾问的名义行走江湖。当然，这里面也有伪"CSO"模式，例如，无实质运营服务支撑的所谓"品牌授权加盟"模式，但它无疑会被市场无情淘汰，"假赋能"终将败给"真赋能"。

（4）医美产业趋向融合之势渐显

产业链协同是新时代各行业发展的趋势之一，医美行业也不例外。生活美容（以下简称"生美"）向科技美容（以下简称"科美"）和医美进军的"升维"之势已显，医美机构为了自建客源渠道和满足产业链整合需要也逐步"降维"去拓展生美和科美业务，还有医美产业链条上游、中游和下游之间的相互渗透。例如，皮肤美容仪器设备供应商、注射用医疗器械供应商及其高管或明或暗地参股医美机构，互联网医美平台收购美容仪器设备生产厂家或投资下游美容医疗机构和医美信息化公司等。

就医美行业发展的现状而言,"升维"模式将轻松碾压"降维"模式。生美或科美从业者创办医美机构大多获得了成功,而医美从业者创办科美机构或生美机构却大多未见起色。其原因主要在于,生美或科美从业者掌握了核心"客"技("黏住客户"的核心技术),而医美从业者却还在摆谱,即便想放下身段、做好服务,也往往心口不一、知易行难。医美兼具"医疗"和"消费"双重属性,医美从业者一旦习惯了"医疗"思维,就很难在短时间内切换到"消费"思维。这是两种不同维度的认知,需要由内而外的改造和融合。

6.2.5 植发:大美业与新协同

植发原本只是医美产业大蛋糕中不太起眼的细分领域,但是在头部连锁品牌接连获得巨额投资后,如2017年某禾医疗获得了知名产业基金3亿元的战略注资,植发连锁业态可谓异军突起。植发市场人气暴涨,各路豪杰纷纷挟大资本和现金流双重优势,快速攻城略地。2021年12月,某禾医疗成功在港股上市,成了中国"植发第一股"。

正如某植发连锁机构创始人说的那样:"植发再火,市场规模也仅百亿左右,100个植发目标人群中,也仅有不到4个人会选择植发,绝大多数人要么顺其自然,要么选择以护发健发为主的美容院、美发店和家居日用品消费，千亿市场规模的毛发产业链价值日益凸显。"从百亿植发市场到千亿毛发市场，可以看出以医美与生美为主的大美业正在趋向新协同。

2018年，某禾医疗100%控股收购了知名护发品牌"某云逊"，互联网医美平台某氧也正式向产业互联网平台转型升级。这绝非巧合，而是消费医疗的大势所趋。

我们知道，生活级的美容院、美发店由于不具备医疗资质而无法直接介入植发手术，但以植发为核心业务的医美门诊部拓展养发护发业务和非手术临床业务（如药物、激光和理疗等）则没有政策障碍。这就需要医美机构拥有"不赚快钱"的战略定力，学会"降维"和"蓄水池"打法，将触角扩展到细分领域产业链，仅将手术作为治疗疾病的终极撒手锏而不是通用或首选武器。

此外，不是所有脱发患者都适合植发，适合植发的患者也不都是一开始就要上手术。如果头皮和毛发等基础问题没有解决，即便植了发，效果也不会好，更不会持久。更何况，有些脱发问题本就无需植发，非手术手段也能解决。

这也符合大多数疾病的临床诊治规范路径。不光植发如此，眼科、口腔、新康复、辅助生殖等消费医疗的诸多专科疾病也往往不是只有一种解决方案。然而，在"急功近利"价值观的导向下，多数医疗机构往往会优先选择利润更高、疗程更短的治疗手段。值得欣慰的是，随着整个医疗生态环境的持续改善，特别是患者的健康素养提升和就医观念转变，医疗正从侧重于治病和手术的单一价值逐步转向侧重于产业链的整合价值。

让我们来进一步思考一下，生活级养发与医疗级植发究竟能不能实现协同发展？

（1）生活级养发护发会拉低医疗级品牌？

长期以来，医美从业者看不起生美业态，这既有其合理之处，又有以偏概全之实。

生活级养发护发都不靠谱吗？客观上讲，生活级养发护发的效果大多要比医疗级植发手术来得慢，但未必会拉低医疗级植发品牌。

品牌的高低，根本在于品质。生活级养发护发机构向来良莠不齐，充斥着一些欺骗行为甚至违规违法现象，这是"不规范"之过。从严谨医疗的角度看，专业的养发护发是必要的，且应贯穿整个头皮和毛发管理的全过程，植发前要进行养发护发，植发后更要进行养发护发，"三分治、七分养"一说不无道理。

（2）为何连锁植发机构大多未拓展养发护发业务？

在我国四大植发连锁机构中，除了某禾医疗以收购某云逊健发机构的方式介入了生活级养发护发领域外，其他三家植发连锁机构均未见有实质性动作介入养发护发领域。这又是为何呢？

三大植发连锁机构不做养发护发业务，不代表这个模式行不通，否则就不会有所谓的后来者和创新者。这些机构之所以不做，主要是因为路径依赖和客观限制。在现有的连锁植发机构中，大多数物业并不适合走生活级养发护发路线，如店面不在一楼或在一楼但门脸不够大。所以，即便这些机构的资金充足，也不能且无法"随心所欲"。

更重要的是，在资本入局和追求财务报表好看的指挥棒下，"快"是这些行业头部机构的主导战略。植发具有高单价、效果直观、路径可控、回报可观等诸多优势，于是入局者大多无法真正忍住"赚快钱"的冲动。

（3）植发和养发护发只能"双品牌"运作？

医疗级植发和生活级养发护发要想协同发展，只能"双品牌"运作吗？例如，某禾医疗在收购了某云逊后依然延续"双品牌、双机构"的运行模式。但这原本只是关联业务并购行为，并非依靠自身业务进行延伸和拓展。其植发机构和养发护发机构也不在同一个物业，又各自拥有较高的品牌认知度，所以统一品牌既不划算，也没必要。既然是并购行为，只要能发挥协同效应即可。

植发业务高度依赖广告来获客，如果和养发护发业务协同，那么植发广告投放是否会被养发护发广告冲淡，至少在网络推广品牌展现上有所分流？养发护发在受众心中的固有印象有可能影响植发广告的宣传效果，那这样做是否捡了芝麻，丢了西瓜？事实上，若在植发医疗机构内部拓展生活级养发护发业务，养发护发业务原本就不该依赖网络广告。更何况，在医疗广告严格监管的形势下，网络平台也对医疗广告实行了严格限制。对医疗级植发而言，同品牌的生活级养发护发广告或育发健发广告反倒是"曲线救国"的务实推广策略。

如何实现医疗级植发业务和生活级养发护发业务协同发展呢？重点要抓住以下两个方面：

①选址即战略

选址时应参照美发店和植发机构的双重标准进行选址，要有一楼和门脸（主要是店招），且门脸还要足够大，要满足同一品牌植发业务和养发护发业务的共同展现。

②养植一体化

植发业务依然是主营业务和主要利润点，业务主要依赖广告、渠道转诊和"老带新"等引流模式，而广告来诊的成本越来越高，渠道转诊有衰减边界，"老带新"也有口碑传播半径的局限。养发护发业务主要面向周边1~3千米内的有头皮管理和毛发管理需求的客户群，采用会员制运营管理模式，可作为后续植发的蓄水池业务。

植发市场的竞争越来越激烈，仅靠疗效还不足以"感动客户"。如果能实现养发、护发、植发一体化，真正为客户"全方位着想、全周期管理"，不仅能做到疗效更好，还能提供超越客户预期的服务，从而在趋向同质化的市场激烈竞争中脱颖而出。

在后疫情时代，植发机构还可以根据机构物业的实际情况，开辟独立区域或新增临街相邻门面，打造中高端的"医疗级美发店"。消费场所、美发器具等的消毒灭菌和服务流程设计均按照医疗机构的标准来执行，美发器具做到"一人一换一消毒"；服务人员参照医务人员的着装要求，服务过程全程佩戴医用口罩、手套并穿好工作服，定期做基础性体检（皮肤病、传染病、呼吸疾病排查和日常体温监测）；美发护发产品均为医生严格遴选的医疗级或准医疗级产品。而对美发业务而言，医疗级美发店是全新的升维定位，而对于植发业务而言，医疗级美发店可形成漏斗型流量池，将原本低频的植发业务转化为高频的美发养发业务乃至护发健发业务。

有必要提醒的是，并非所有植发机构都适合生美和医美协同发展。毕竟，符合协同要求的好物业极其稀缺。更重要的是，生美和医美是两种截然不同的运营模式，没有认知靠谱的运营团队很难实现融合。由此，我们还可进一步思考，视光和眼科、口腔扫描和正畸、中医和西医，是否也有开展产业新协同和蓄水池业务的可能呢？

参考文献

[1] 林左鸣.新消费升级[M].北京：中信出版社，2016: 45–72.

[2] 杨家诚.消费4.0：消费升级驱动下的零售创新与变革[M].北京：人民邮电出版社，2019: 5–13.

[3] 詹姆斯·H.迈尔斯.市场细分与定位[M].李九翔，曾斐，张鹏，译.北京：电子工业出版社，2005:7–11.

[4] 艾·里斯，杰克·特劳特.定位：争夺用户心智的战争[M].邓德隆，火华强，译.北京：机械工业出版社，2017: 序17–32.

[5] 国家卫生健康委员会.中国卫生健康统计年鉴（2021）[M].北京：中国协和医科大学出版社，2021: 119–124.

[6] 中国连锁经营协会，腾讯智慧零售.中国零售业公私域运营手册暨实施指引[Z/OL].2021.https://weread.qq.com/web/reader/85c329e0813ab67b7g0173f2ke4d32d5015e4da3b7fbb1fa.

[7] 华杉，华楠.超级符号就是超级创意：席卷中国市场17年的华与华战略营销创意方法[M].南京：江苏凤凰文艺出版社，2019:147–152.

[8] 曾鸣.智能商业[M].北京：中信出版社，2018: 135–149.

[9] 郑指梁.合伙人制度：以控制权为核心的顶层股权设计[M].北京：清华大学出版社，2020: 64–74 .

[10] 杨飞.流量池[M].北京：中信出版社，2018: 163–165.

[11] 腾讯智慧零售.超级连接：用户驱动的零售新增长[M].北京：中信出版社，2020: 165–174 .

[12] 中共中央国务院关于深化医药卫生体制改革的意见 [A/OL].[2009-03-17]. http://www.gov.cn/test/2009-04/08/content_1280069.htm.

[13] 国务院办公厅.关于支持社会力量提供多层次多样化医疗服务的意见：国办发[2017]44号 [A/OL].[2017-05-16].http://www.gov.cn/zhengce/content/2017-05/23/content_5196100.htm.

[14] 国家卫生和计划生育委员会.医师执业注册管理办法 [A/OL].[2017-02-03].http://www.nhc.gov.cn/wjw/c100022/202201/ad4008212c48418199d2d613087d7977.shtml.

[15] 国家卫生健康委，国家发展改革委，科技部，等.关于促进社会办医持续健康规范发展的意见：国卫医发 [2019]42 号 [A/OL].[2019-06-12].http://www.nhc.gov.cn/yzygj/s3577/201906/8e83be9a99764ea6bb5f924ad9b1028d.shtml.

[16] 十三届全国人大常委会第十五次会议.中华人民共和国基本医疗卫生与健康促进法 [A/OL].[2019-12-28].http://www.gov.cn/xinwen/2019-12/29/content_5464861.htm.

[17] 国家卫生健康委，国家发展改革委，财政部，等.关于印发开展促进诊所发展试点意见的通知：国卫医发 [2019]39 号 [A/OL].[2019-05-13].http://www.nhc.gov.cn/yzygj/s3593g/201905/cade202ec1ca400ba702dee50dbd396e.shtml.

[18] 国家发展改革委，中央网信办.关于推进"上云用数赋智"行动、培育新经济发展实施方案：发改高技 [2020]552 号 [A/OL].[2020-04-10].https://www.ndrc.gov.cn/xxgk/zcfb/tz/202004/t20200410_1225542.html?code=&state=123.

[19] 国务院办公厅.关于促进"互联网+医疗健康"发展的意见：国办发[2018]26 号 [A/OL]，[2018-04-28].http://www.gov.cn/zhengce/content/2018-04/28/content_5286645.htm.

[20] 国家卫生健康委.关于进一步推进以电子病历为核心的医疗机构信息化建设工作的通知：国卫办医发 [2018]20 号 [A/OL].[2018-08-28].http://www.nhc.gov.cn/yzygj/s7659/201808/a924c197326440cdaaa0e563f5b111c2.shtml.

[21] 国家发展改革委，民政部，自然资源部，等.关于优化社会办医疗机构跨部门审批工作的通知：发改社会 [2018]1147 号 [A/OL].[2019-01-03].https://

www.ndrc.gov.cn/xxgk/zcfb/tz/201901/t20190102_962360.html?code=&state=123.

[22] 上海市人民政府.关于推进本市健康服务业高质量发展 加快建设一流医学中心城市的若干意见：沪府发 [2018]25 号 [A/OL].[2018-07-25].https://www.shanghai.gov.cn/nw43909/20200824/0001-43909_56807.html.

[23] 上海市卫生健康委员会.关于优化本市社会办医疗机构设置管理的意见：沪卫计规 [2019]002 号 [A/OL].[2019-01-17].http://wsjkw.sh.gov.cn/zcfg2/20190624/0012-64497.html.

[24] 天津市卫生健康委员会.关于放宽京冀执业医师护士来津注册工作的通知 [A/OL].[2019-01-14].http://wsjk.tj.gov.cn/ZWGK3158/ZCFG6243_1/GZWJ625/202011/t20201110_4050533.html.

[25] 国家发展改革委，中央宣传部，教育部，等.加大力度推动社会领域公共服务补短板强弱项提质量 促进形成强大国内市场的行动方案：发改社会 [2019]0160 号 [A/OL].[2019-02-19].https://www.ndrc.gov.cn/xxgk/zcfb/tz/201902/W020190905514308218132.pdf.

[26] 卫生部.关于加强医疗机构验配角膜塑形镜管理的通知：卫医发 [2001]258 号 [A/OL].[2001-08-17].http://www.nhc.gov.cn/yzygj/s3585u/200804/6e10f4f1529c4be58251d0a4b771e4f6.shtml.

[27] 国家卫生健康委员会.关于印发儿童青少年近视防控适宜技术指南的通知：国卫办疾控函 [2019]780 号 [A/OL].[2019-10-15].http://www.nhc.gov.cn/jkj/s5898bm/201910/c475e0bd2de444379402f157523f03fe.shtml.

[28] 诊锁界 & 新型诊所研究院.2019 年中国新型儿科诊所发展报告 [G].2019: 92.

[29] 刘润.年度演讲 2021：进化的力量.刘润.[2021-10-30].https://mp.weixin.qq.com/s/4P-5dTioGGRVwaHP0qoa-w.

[30] 于靖."非公医疗 100+"专访知贝儿科赵强丨社群医疗服务运营打开诊所新市场.亿欧.[2018-07-16].https://www.iyiou.com/news/2018071676937.

[31] 赵立.到同仁医院这个新门诊，给眼睛"洗个澡"，爽！.上海长宁.[2021-06-20].https://mp.weixin.qq.com/s/95vYnYgvjYJwfZmH0USUIg.

[32] 国家卫生计生委医院管理研究所.2013年1月1日至12月15日全国白内障手术病例信息上报排名.中国防盲治盲.[2014-01-24].https://mp.weixin.qq.com/s/duxw6maazpmVrWDnCyI5jQ.

[33] 国家卫生计生委医院管理研究所.2015年度各省医疗机构白内障复明手术报送排名（各省前10名）.中国防盲治盲.[2016-04-19].https://mp.weixin.qq.com/s/OPD9icLqVAJCp9sBGYV5ag.

[34] 国家卫生计生委医院管理研究所.2017年中国白内障手术报送情况排名.中国防盲治盲.[2018-03-28].https://mp.weixin.qq.com/s/WPDpLG1I_MscR-MYZZaDvQ.

[35] 卫生部,教育部.关于印发《中小学生健康体检管理办法》的通知：卫医发[2008]37号[A/OL].[2008-06-27].http://www.nhc.gov.cn/yzygj/s3585u/200807/8bb26fbcf4ba4b38ac5890eecd947926.shtml.

[36] 国家卫生健康委,教育部.关于印发中小学生健康体检管理办法（2021年版）的通知：国卫医发[2021]29号[A/OL].[2021-09-30].http://www.nhc.gov.cn/yzygj/s7659/202110/331a6dbacf244f7eac9dabcf758f387a.shtml.

[37] 教育部,国家卫生健康委员会,国家体育总局,等.关于印发《综合防控儿童青少年近视实施方案》的通知：教体艺[2018]3号[A/OL].[2018-08-30].http://www.moe.gov.cn/srcsite/A17/moe_943/s3285/201808/t20180830_346672.html.

后记

人生处处充满不确定性。

2005年7月，毫无医疗背景、产业经济学硕士毕业的掌柜，孤身从广州飞到上海，正式踏上跨界医疗的职业旅程。转眼间，17年过去了，掌柜成了所谓的资深医疗人和投资人。

4年前，利用业余时间写公众号，意外成了医疗圈和投资圈内的垂直自媒体"林掌柜"。如今，在公众号历史文章基础上，以"消费医疗"为题重新梳理成书出版，又是意外收获。

希望给读者呈现的是一本实用的参考书。诸多观点和逻辑，若对读者有所启发，就不枉费掌柜闲暇运营自媒体，特别是在2020—2022这三个特殊的疫情之年整理书稿所耗费的时间。

感谢云锋基金执行董事黄潇先生、厚新健投执行董事粟鹏先生、动脉网创始人李大韬先生、《看医界》创始人郭惊涛先生、张强医生集团创始人张强先生、壹博医生集团发起人孙成彦先生、优复医疗创始人孙晓怡女士、华润医疗学科发展总监张松伦先生、菁华医疗首席财务官刘红骘女士、中信医疗运营管理部副总经理范瑾女士、富越基金风控总监瞿展先生、

《美业观察》创始人周郁女士、《女魔头驾到》出品人郝格女士、贝登医疗联合创始人吴善业先生的联合荐读。

感谢"林掌柜"公众号读者,你们不仅给了掌柜坚持码字的动力,还提供了不少有价值的素材。感谢虎嗅、亿欧、投资界、创业邦、前瞻经济学人、医脉通,以及《医学界》《看医界》《诊锁界》《健康界》《医馆界》《美业观察》《眼视光观察》等媒体编辑的认可和转载。

感谢中国科学技术出版社和万章文化各位编辑老师对掌柜首次出书的信任,他们的专业能力和辛勤付出,令本书增色良多;感谢畅销书作家曹锋先生的牵线,让读者群里起哄掌柜结集出书的玩笑话得以实现。

最后,感谢亲爱的家人,感恩父母的养育和教导,感恩爱人的付出和支持,感恩大宝和小宝给全家增添了太多的欢乐和幸福。